JN329279

ママまた離婚するの!?

離婚家庭で育った子どもの気持ち

新川明日菜
Shinkawa Asuna

東京シューレ出版
Tokyo Shure Publishing

本文に登場する個人名は、仮名にしてあります。

はじめに

私は母のことが〝大っきらい〟だった。

生まれたときからきらいだったわけじゃないし、ある日、突然きらいになったわけでもない。〝大好きなママ〟が〝大きらいな人〟になるまでには、私と母の間にたくさんの出来事と、たくさんのすれ違いの積み重なりがあった。

私は「あんたのことなんて母親と思ってない」そんな言葉を母にむかって吐き続けたし、心の底からそう思ってた。

でも今、母のことが好きかって聞かれたら、大好きとまではいかないけど「まあまあ好きだよ」と答えられる(笑)。もちろん感謝もしてる。

私と母の親子関係は、母の〝三度の離婚〟と〝三度の再婚〟により、どんどん悪化していった。親の離婚と再婚を経験していくなかで、母のことが大きらいになっていったわけだけど、それは決して離婚や再婚という家庭環境の変化がそうさせたわけじゃない。親が離婚していても仲良しな親子はたくさんいるでしょ?

じゃあ何が原因だったか?

それは親子のコミュニケーションがうまくいかなかったからだと思ってる。母にはもっと私の気持ちを聞いてほしかったし、わかってほしかった。離婚や再婚は仕方のないことだけど、まるで「離婚や再婚は親の問題。あんたには関係ない」そう言われてるみたいで不信感が募っていった。今になって母とあの頃の思いを話してみると「そんなふうに感じてたなんて知らなかった」「親は自分の都合のよいように考えたくなっちゃうのよ」「子どもの気持ちを聞くのがこわいのよ」って母は言う。

それを聞いて私は、母も聞く耳を持つべきだったけど、私ももっと自分の気持ちを話していれば〝大っきらい〟まで悪化しなかったんじゃないかと思った。

だから私はこの本を書こうと思ったの。おたがい気持をわかりあおうとしなかったり、わかりあおうとしてるのに間違った思い込みですれ違ったり、そう悩んでいる親子は私たちだけじゃないと思うから。

私の気持ちを母がわかっていなかったのも無理ないと思う。親の離婚や再婚を経験した子どもが、どんなことを感じるかなんて誰に聞いても教えてくれないから。

親向けの離婚の本や専門家が書いた子どもの心理本はいっぱいあるけど、子どもが当事者として経験を書いた本や、直接聞ける場所なんてないし、そんなデリケートなことを知り合いの誰かの子になんて聞けないじゃん？

離婚、再婚を経験した子といっても、十人いれば十通りの経験と異なる気持ちがある。こうしてほしいとか決まった答えがあるわけじゃない。

この本は、親の離婚と再婚を、子どもの立場で体験した私の思いや、親に対してなにを感じてきたのかをまとめています。Chapter1では、小さい頃のできごとから二十歳前後までの話、Chapter3では、今の私の活動について紹介しています。間にあるChapter2では、離婚親を目の前にして、子どもが何を感じているのか、親は子どもにどう向き合ってほしいのか、そして、親の再婚についてなど、三十一の話にして、それぞれ短くまとめています。

離婚家庭の親、そして、もう一人の当事者の子どもたちに、私自身と私の出会った子どもたちの気持ちを社会に伝えたいと思います。子どもが「お母さん（お父さん）大好き！」って心から言えるように。少しでも私の経験が役に立つことがあれば嬉しいです。

もくじ◉ママ また離婚するの!? ―― 離婚家庭で育った子どもの気持ち

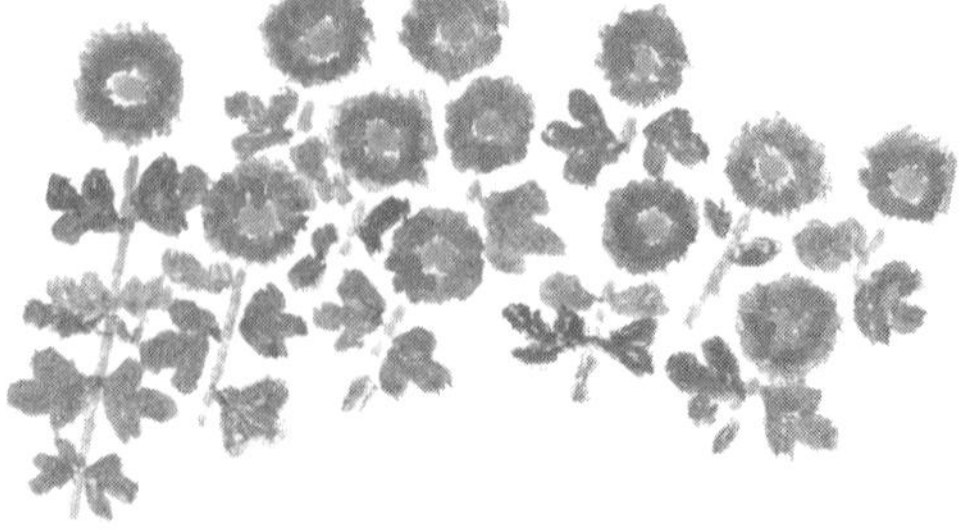

Chapter 2 どう向き合う？ 離婚、再婚、親子関係 63

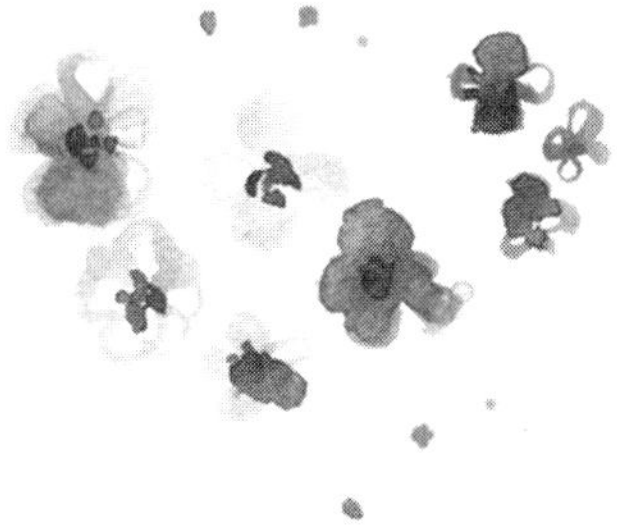

【離婚を経験した子どもから伝えたいこと】

【再婚と再婚家族のこと】

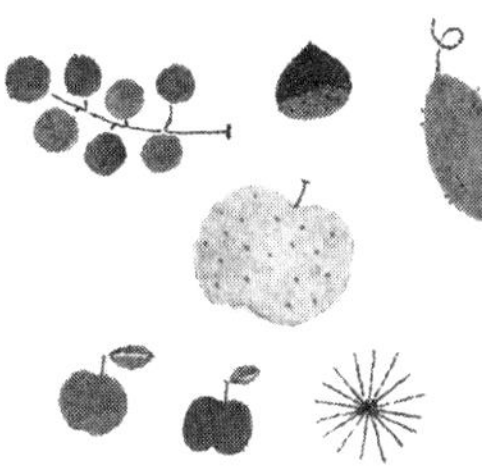

Chapter 1

リコンの現実と子どもの気持ち

1　リコンの現実――幼少期編

〝大好きなママ〟から〝大きらいな人〟になって、そして再び〝母への感謝〟が生まれるまでの物語は、複雑な私の生い立ちに重なる。まずはさっそく「離婚」の話から――。

初めて不信感を抱いた日

「話があるからそこに座って」

母は泣きそうな顔で言って、私は母と向き合う格好で床に正座をした。

「ママはパパと離婚しようと思うの。パパはお金をたくさん借金しちゃってもう一緒にはいられないの」

当時八歳だった私だけど、なぜか〝離婚〟って言葉を理解できた。だからすぐに「嫌だ!」って抵抗したんだ。すると母は目に涙をためながら「じゃあこのままパパと暮らし続けてママが笑わなくなるのと、パパと離れてママが笑うようになるのと、どっちがいい?」と言った。

私はその瞬間「えっ。そんなのどっちも嫌に決まってるのに、ママはなんて残酷なことを聞くんだろう」と思った。でもこういうときは「ママが笑わなくなるほうが嫌」って言わなきゃいけないんだ!って悟ったんだよね。だから「ママが笑わなくなるほうが嫌だ」って言った。そしたら母は泣きながら私を抱きしめて「ごめんね。ごめんね。」って何度も言って、私も悲しいんだかなんなんだかよくわからない感情のまま、一緒に泣いた。たくさん借金をしちゃったパパが悪いのか、泣いてるママが悪いのか、どうして急に離婚なのか、なにもかもわからなかった。

しかし、今思い返すとこれが母への不信感の始まりだった。

離婚をする前

実は母の離婚はこれが初めてじゃない。私が生まれてすぐに両親は離婚、母は実家に戻り、私は父親の顔を知らないまま母と祖父母に育てられた。

四歳のときに母の再婚が決まり、私には新しいパパができた。その新しいパパとの別れが八歳のときに訪れたわけだけど、最初からパパになついていたわけじゃない。結婚式のときパパにお花を渡すのを拒否したり、苗字が変わったことに泣いて抵抗したりした。何が嫌だったのかちゃんと説明できるわけじゃないけど、新しいパパって存在を受け入れたくない気持ちと、祖父母と離れて知らない土地で見知らぬ男の人と暮らす不安があったんだと思う。

それでも気づけば四年経ち、八歳になった私は、本当のパパと思えるくらい新しいパパのことが好きになってた。生まれたときからこの家族だったかのように、当たり前に暮らしてた。

パパは普段は忙しくて家にいないことが多かった。一緒に食卓を囲めることはほとんどなくて、いつも母と二人で「パパいただきます！」と言ってご飯を食べてた。それでも休みの日には家族でショッピングセンターや美容室に行ったり、ときには友だち家族とみんなでバーベキューなんかもした。

週末のバレエ教室の送り迎えは必ずパパがしてくれたし、私と友だちをしょっちゅう公園に連れて行ってくれたりもした。自転車に乗れるようになるまで何時間も練習してくれたのもパパだし、運動会も必ず観に来てくれた。それから、パパのお母さん、つまり私の新しいおばあちゃんも、私を本当の孫のように大事に大事に可愛がってくれた。

おばあちゃんも、若いときに離婚をして、女手ひとつでパパを育てたというから、母と私の気持ちがわかったのかもしれない。私は本当の祖父母も大好きだったし、おばあちゃんのことも同じくらい大好きだった。家が近かったから、いつでもおばあちゃんがお世話しに来てくれたし、ひとりで泊まりに行ったりもした。

あの頃の私は何も不自由することなく両親と祖父母の愛情をたっぷりすぎるくらい受けて育っていた。生活だって裕福なほうだったと思う。

それから弟が生まれて四人家族になってからも穏やかで幸せな日々が続いた。家族みんなが弟の誕生を喜んだし、私も嬉しくて仕方なかった。でもその幸せな生活が突然、終わりを迎えたってわけ。

パパとの別れ

ママとパパが離婚をする。その現実は私には突然すぎた。だって二人が喧嘩してるところなんて一度も見たことがなかったし、弟が生まれるときだってパパと私はすごく喜んで何度も病院に通った。生まれてからだって家族は仲良く円満に暮らしてた。それなのに離婚はなんの前触れもなくやってきた。意味を知ってたのが不思議なくらい〝離婚〟なんて私の中には存在しない言葉だった。

離婚すると聞かされてからの記憶は、なぜか三つの場面だけ鮮明に覚えてる。

一つめの場面は、私はパパと離れるのが悲しくて悲しくて、この先もう二度とパパに会えなくなるかもしれないと思って不安になり、夜中にパパの写真をそーっと引っ張りだして、泣きながらプリクラ手帳に貼り付けてたこと。それを見た母は「そんなことしなくてもいつでもパパに会えるからね。大丈夫だよ」って言ったけど、「本当に？　本当にパパと会えるの？　いつまでここに住めるの？　どこに引っ越すの？　パパはどうなるの？　学校は転校するの？　苗字は変わるの？　おばあちゃんとも会えなくなるの？」と、たくさんの不安が湧いてきて飲み込まれそうだった。

二つめの場面は「弟はどうなるの？」って母に聞いたとき。「弟はパパが引き取りたいって言ってるからパパと暮らして、ママは明日菜と暮らそうと思う」と言われた私は、怒りがワッとこみ上げてきて「なんできょうだいバラバラにならなくちゃいけないの？　きょうだいは一緒にいるべきじゃないの!?」って必死に母に抗議した。私はパパも奪われて弟も奪われるなんて耐えられないって思ったし、私の大事な弟なのに、なんでそんなの勝手に決めちゃうの？　と思った。

そして弟を引き取りたいって言ったパパの言葉も残酷すぎた。四年も親子だった私よりも生まれたばっかりの弟のほうがいいんだ。やっぱり、私はパパの本当の子どもじゃないからなんだ。どんなに一緒にいる時間が長くても、どんなに私がパパを本当のパパだと思ってても、パパにとっては本当の子じゃない私より、本当の子である弟のほうがいいんだ。八歳にしてその現実を突きつけられた（結局弟は、その後も母と私と一緒に住み続けたけれど）。

三つめの場面は、家を出る日。離婚を言われて家を出るまでの一か月間の記憶は消えてるのに、最後の日の記憶だけ残ってる。毎日過ごした我が家のリビングは昼間なのになんだか薄暗くてガランとしてた。そこに私と母が立っていて、机の上にパパからの手紙が置いてあった。母に「明日菜へって書いてあるのもあるよ」と言われた。

母はその手紙の内容を確かに声に出して読んでくれたはずなんだけど、私はその内容を一行も覚えてない。私の心の中は「最後にお別れも言えないんだ。私はパパに何も言いたいこと言えてないのにずるい」って気持ちと「パパは私を引き取りたいって言わなかったんだ」って気持ちだけだった。パパは私を引き取りたいって言わなかった。

このとき私は「しょせん、血のつながりがなければ本当の子のようには愛してもらえないんだ」、そう悟った。

いつも遊んでくれたお兄さん

母と弟と家を出たその日なのか、その何日後なのかは記憶にない。私の記憶は、見慣れないアパートの一室に飛ぶ。そこにはいつも遊んでくれていたヒロトお兄さんと母と私がいた。コタツがあったからきっと冬だったんだろうね。そこで母に「これからヒロト君と四人で暮らそうと思ってるの。これからはヒロト君がパパだよ」って言われた。言われた瞬間私は「嫌だ!!!」って大抵抗して泣きながら、そこにあったコタツに潜った。本当に心の底から嫌だった。私のパパはパパだけなのに、どうして急にそんなこと言うのか理解不能だった。だいたい、ヒロトお兄さんは、たまに遊んでくれるただの優しいお兄さんだったはず。どうして急にパパになるの?

その頃はわからなかったけど、今思い返すと、パパと離婚をする同じ頃にヒロトお兄さんが現れていた。

私と母と弟、四人一緒に車で出かけたり、遊園地に遊びに連れて行ってくれた。ヒロトお兄さんはよくプレゼントもくれた。当時、大好きだったリカちゃん人形のボーイフレンドいさむ君人形。私はそれがすごく嬉しくて、ヒロトお兄さんが大好きになった。

でもそれとこれとは別だ。ヒロトお兄さんがパパになるって何？「新しいパパだよ」って何？　そんなの嫌。なんでそんな勝手なこと言うの？　私は気持ちを訴えたけど、聞いてもらえることはなく、すぐに私たちの四人暮らしがスタートした。このとき母への不信感は更に大きく膨らんだ。私は嫌だって言ったのに、私のことより自分なんだ。自分さえ良ければいいんだ。そう思った。

二人目の新しいパパとの生活

そうは言っても、新しい家族との生活が始まれば私はそこに暮らすしかなかった。それでもしばらくはヒロトお兄さんに、わざと冷たくしたりした。私は新しいパパなんて絶対に認めない。そのうち二人が「やっぱり無理だったね」って諦めてくれることを願った。

でも私を焦らせたのは弟の存在だった。まだ小さかった弟は、どんどんヒロトお兄さんになついて〝パパ〟って呼ぶようになった。それでも私は断固としてヒロト君って呼び方を変えなかったけど、自分がひとりぼっちになっていくみたいで、どうしていいかわからなかった。三人は本当の親子みたいに幸せそうに過ごしてるのに、取り残された私はヒロト君に弟を取られたみたいで悲しくて寂しかった。

そうこうしているうちに「このままじゃ私は家の中でひとりぼっちになっちゃう」そんな焦りが出てきて、私は戦うのをやめた。やめたっていうより諦めたってほうが正しいかも。だから母に「ヒロト君のことパパって呼んでもいいかな?」って聞いた。そしたら母はすごく喜んで「ヒロト君にそう言ってあげて! 喜ぶよ!!」って言った。

私がヒロト君に「パパって呼んでもいい?」って聞いたら、ヒロト君は本当に嬉しそうな顔で喜んだ。そのときはなんだか自分が良いことをしたみたいで嫌な気持ちはしなかったし、なんとなくこの先、幸せな生活が送れるかもしれないって思った。前のパパのことを忘れたわけじゃないけど、忘れなくちゃいけない。これからはヒロト君が私のパパで、この四人が家族なんだ。そう自分に言い聞かせた。

新しいパパと母への不信感

それからは、なるべくパパになつくように努めた。弟だけじゃなく私のことも可愛がってもらいたいって思った。私の態度が通じてパパは私のこともそれなりに可愛がってくれた。でもことはそんなに簡単じゃなかった。パパの嫌なところがどんどん見えてきたから。

パパは私たちのしつけに力を入れた。お箸の持ち方、お茶碗には手を添える、ご飯のときはテレビをつけない、挨拶をきちんとするなど、細かいことは書けばキリがないくらい、本当にいろんなことを注意された。パパは自営業だったので、前のパパみたいに夜遅くまで仕事して帰ってこないことはなかったから、弟の保育園のお迎えや夕飯の支度もパパがやることが多かった。私たち子どもとパパが一緒に過ごす時間が長くなるにつれて、優しくて穏やかで怒らないと思ってたパパは、気分の差が激しく、機嫌が悪くなることもしょっちゅうで、怒ると手をあげることもわかった。特に礼儀には厳しく、注意することでカッとなって。頭に血が上ると怒りがおさまらなかった。パパの機嫌が悪い日は家の中が緊張状態だったし、母もパパの機嫌をうかがって過ごしてた。

ある日、いつものように四人でご飯を食べていたら、弟が左手をお茶碗に添えるのを忘れてご飯を口に運んだ。その瞬間パパがキレて、お箸を弟のおでこめがけて思いっきり投げた。お箸は見事に命中、まだ三歳くらいだった弟は大泣きした。

また別の日の夜、私と弟は一緒に寝ている部屋でヒソヒソとしゃべっていた。するとパパがものすごい勢いで部屋に入ってきて「うるさいんだよ！　なんで起きてんだよ」ってキレて弟を持ち上げて床に放り投げた。どうってことない夜のヒソヒソ話なのに、そのときも弟は大泣きして、私は悔しくて泣きながら弟をかばった。

あの人は自分が機嫌が悪いから私たちに八つ当たりしてるだけだ。あの人は私のパパなんかじゃない。そうやって私はパパへの強い怒りと憎しみを募らせていった。

それと同時に母に対しての強い怒りも積もっていった。私たちがパパに理不尽に怒られても、どうして母は私たちをかばってくれないの？　どうしてあの男の機嫌をうかがってるの？　母親なら母親らしく子どもをいちばんに守ってよって。

2 あんたなんて親じゃない!! ——思春期編

リストカット

私たち四人の生活も四年、五年と月日を重ねていき、私は中学生になって思春期を迎えた。その頃、私のストレスはピークに達していた。パパがうちからいなくなってくれたらいいのに。そんなことばっかり考えてた。パパに怒られて殴られるたびに「あんたなんて私の親じゃないのに」って言葉が喉まで出かかった。でもそれを口にすることはできなかった。もし言ってしまったらパパは心の底から傷つくだろうし、私たちの関係は修復不可能になるような気がしたから。

その代わり、パパに殴られた後、リストカットをするようになった。リストカットといっても、恐る恐るカッターで手首に傷をつけてみるくらいの軽いもの。本当はもっともっと深く切りたい、そのまま気を失いたいって思ったけど、痛くてこわくて私にはできなかった。死にたいなんて一ミリも思ってないけど、もし手首を切って私が救急車で運ばれたら、私がこんなに辛い思いをしてるってことを二人もわかってくれるはず。周りの人も助けてくれるはず、こんな家で我慢しなくてもよくなるはずだ。それだけが目的だった。

だけど、ちょっと切るくらいの傷を二人が気づくはずもなく、結局、私を止めてくれたのは中学校の親友だった。その子はいつもニコニコしていて、決して私の意見を否定したり批判したりしなかったけど、このときだけは「もうやめて。このままじゃ明日菜がダメになっちゃうよ」って真剣な顔で私に言った。自分のことを本気で心配してくれる親友を心配させちゃいけないと思って、私はリストカットをやめた。

それから何か月か経ったとき、この出来事を軽い気持ちで学校外部の夏休みの作文コンクールに書いて出したら、まさかの入選。私は心の底から後悔した。だって入選のお知らせと表彰式の案内がうちに届いちゃって、そのせいで母にバレたから。でも作文は私が部屋に隠してたから、母は私がどんな内容の作文を書いたのかは知らず「すごいじゃん。何について書いたの?」って尋ねてきた。私はそのとき、なんで嘘をつかなかったのかわからない。きっと母に私の辛かった気持ちをわかって欲しかったんだと思う。緊張しながら「リストカット」って言ったら、母は「ああ、リストカットってあんたくらいの歳はみんなやるよね」ってあっさり言った。私はそれに愕然として、同時に言い返す言葉を失った。

そんな出来事をいくつも通って、パパへはもちろんだけど実の親である母に対しても〝あんたなんて親じゃない〟と思うようになった。この頃から私と母の喧嘩が頻繁になってエスカレートしていった。

喧嘩のきっかけはささいなことだったが、積りに積もった不信感を喧嘩のたびに吐き出した。私の気持ちをわかってくれず自分の気持ちばかり優先する、そんな母が許せなかったし、私がこんなに苦しいのは全部母のせいだと思った。とにかく私の気持ちをわかっって、これまでの出来事を反省してほしかった。でも母はまったく反省する様子はなかて「あんたなんて親じゃない」って言えば「私だってあんたみたいな子いらない」って言い返してくる。「あんたが勝手に産んだんだろ！　私は産んでなんて頼んでないし、こんな家に生まれたくなかった」って言えば「こっちだって産んだの後悔してるわ！」って返される。挙句の果てには「じゃあ今すぐ殺せよ！」「殺してやる！」とまで発展していった。私はただ母に降参してほしかったし、ごめんねって謝ってほしかった。でも母はそんな態度を見せるわけもない。喧嘩はいつも同じことの繰り返しだった。

パパのことも母のことも〝あんたなんて親じゃない〟、そう思って同じくらい大きらいだった。でも二人への感情の決定的な違いは、本当は心の奥底で好きでいてくれて私を愛してほしくて、それを確認したい思いがあるかないかだった。母に対してはあったけど、パパに対してはまったくなかった。相変わらず家の中ではパパの機嫌を気にして過ごさなきゃいけなかったし、母にならできる八つ当たりもわがままも、言えなかった。

家の中の空気が嫌で、中学二年生までの私は家に帰るのが苦痛でしょうがなかった。それに二人は家にいるといつも仕事の話をしていた。私だって学校の出来事とか友だちの話などを聞いてもらいたいのに、この人たちじゃ無理。家の中での親子の会話は少なかった。

パパとの別れ

そのうち、パパが隣町にもう一つ家を借りて、両方を行き来するようになった。仕事の関係って言ってたけど、実際は別居みたいな状態だったんだと思う。初めのうちは弟を連れて遊びに行ったり、パパもうちにしょっちゅう来たりしていたけど、だんだん来る回数も減っていった。

ある日、部活から帰ると、母の姿が見当たらない。家の中の異様な空気を感じて母の部屋を覗くと、母が一人、真っ暗な部屋の中でシクシク泣いていた。強い母が泣いてるとこなんて今まで一度だって見たことなかったから、私はびっくりして「どうしたの⁉」って声をかけた。すると母から「ヒロト君と別れた」っていう一言が返ってきた。

私はその瞬間、ものすごい怒りが湧いて「は？ 何言ってんの？ 急になんなの？」って大声で問い詰めた。それでも泣いてるばかりの母に「弟はどうなるの⁉ 弟にも私と同じように父親を失う悲しさを味わわせるの？」って泣き叫びながら訴えた。あんなにいなくなってほしいと思ってたパパだけど、いざ別れたって聞いたらショックと怒りと悲しさで気が狂いそうだった。

何よりも許せなかったのは、赤ちゃんの頃からパパを本当のお父さんのように慕ってきた弟に、私と同じ悲しい思いをさせることだった。そういう思いをさせるならどうしてパパなんて呼ばせて一緒に暮らしたの？ 私は？ 私はなんのために嫌な気持ちを堪えて何年間も生活してきたの？ それが「はい別れました」ですむの？ この人はなんで泣いてるの？　なんで謝らないの？　泣きたいのは私でしょ？　だからあのとき、私は一緒に住みたくない、家族になりたくないって泣いて抵抗したじゃん。なんで？　その言葉を全部母に吐き捨てて、自分の部屋にこもった。

数日後、私は母に別れた理由を問い詰めた。すると母はパパから「他人の子の親になろうとしたけれど、愛せなかった」って言われた。

ふざけんな。ふざけんなよ。子どものパパにはなれなかっただと？　私がいつパパになってくださいってお願いしたわけ？　あんたたちが勝手にそうしたいって言ってそうしてきたんでしょ？　私は拒否したよね？　何様なわけ？　自分が嫌になったら家族を捨ててさようならするわけ？　怒りが一気にあふれ出た。だいたい、男女がただつき合って別れるのとは訳が違う。子どもの生活を巻き込んでるわけだから私たちの前できちんと説明をして謝罪をすべきでしょ。これじゃ納得なんか出来ない。でも何もないまま結局パパは帰ってこなかったし、母からも謝罪の言葉はなかった。

その後、「別れちゃったけどパパがパパであることは変わりないからね」とか言って何度か四人でご飯を食べたりスキーに出かけたりしたけど、私はもうパパに会いたい気持ちは起こらなかった。もうこの人は他人なんだって思い、会うことを避けるようになっていった。

これは私の人生

母とパパが別れてから私の母に対しての不信感は限界に達していた。この頃の喧嘩は更にエスカレートしていて、暴言を吐き、頭から水をかけられたり物を投げ合ったり蹴られたら蹴り返したりする激しさだった。

私が許せなかったのは「私の人生はあんたのせいでめちゃくちゃにされた」って母に言うと、いつも決まって「これは私の人生だからあんたには関係ない。自分の人生は自分で責任をもちなさい。親のせいにするな」と返って来たこと。この人は本当に自分のことしか考えてないんだって思ったと同時に、確かにあなたの人生だけど、私が生まれてから今に至るまでの私の大事な人生をさんざんかき乱しといて、あんたには関係ないって、よくそんなことが言えるなと、その神経を疑った。

それでも私は喧嘩をするたびに何度でも暴言を吐き続けた。いつもはひるまずに抵抗してくる母だけど、一度だけ泣きそうな顔になって部屋に閉じこもったときがあった。

とはいえ毎日、母と喧嘩していたわけじゃない。パパが出て行ってからの家の中は、こんなにもラクでこんなにも快適なのかと思えるくらい、私にとって素晴らしい空間になっていた。朝起きてパパの機嫌を伺う必要もない、自分の機嫌が悪くて「おはよう」って言われてシカトことがあっても怒鳴られはしない。わがままだって何も考えずに言える。母と喧嘩になれば誰に気を使うこともなく思う存分やりあえる。今までの家とは一八〇度違う居心地の良さに、私の気持ちは少しずつ安定していった。

当時、自分の気持ちを発散させるために毎日書いてた日記帳を読み返してみると「三人暮らしになってこんなに家がラクだなんて信じられない。家に帰りたいって思うのがすごい。このまま三人で暮らしたい」そう書いてあった。パパが出て行って家は楽しくて安心できる空間になっていった。あのときパパと母が別れていなかったらどうなっていたんだろうって想像するとこわい。私は精神的におかしくなっていたかもしれないし、リストカットして死んでたかもしれない（笑）。

3　私、グレる!? ―― 青春編

実の父

私にはゼロ歳で別れた実の父親がいるわけだけど、一度も会ったことがなかった。しかし、お父さんはどういう人だったのか、どうして離婚したのか、母は聞けばなんでも説明してくれた。結婚したとき父親はまだ若すぎて子どもを育てる覚悟がなかったこと、今は再婚をしているらしいこと。それから必ず「会いたいと思えばいつでも会わせてあげるからね」と物心ついたときから何度も言われた。でもそう言われるたびに「別に会いたいと思わない」そう答え続けた。

中学生になると周りの大人から「本当のお父さんに会いたい？」と聞かれることが多くなった。その頃は母子家庭だったから、よけいに意識されたのかもしれない。聞かれるたびに「会いたいと思いません」って答えてたんだけど「本当は心の底では会いたいと思ってるんじゃないの?」みたいに言われるのが苦痛だった。強がってるわけでも遠慮してるわけでもない。だって顔も覚えてない知らない人をお父さんだよって言われたって誰?って感じじゃん。確かに私という〝生命体〟の親の一人ではあるんだろうけど、それだけの話で、私にはお父さんなんて最初からいない。お父さんとしての役割を何ひとつされたことがないのに、お父さんと意識させたいなんて図々しすぎる。大人たちの勝手な思い込みにも、うんざりしてた。子どもはみんな実の親を愛していて、どんなに離れていても親子には絆があるみたいな思い込みは、大人の都合の良い願望なのに。

そんな頃、母から「明日菜の実の父親が養育費を払うようになったよ」と聞かされた。今まで何もしてこなかったのになんで今さら?って聞くと、母は私の実の父と弟の実の父に養育費を求めて家庭裁判所に調停の申し立てをしたことを教えてくれた。

それに応じたのが私の実の父だった。毎月母から「今月も養育費入ってたよ。会ってみたくなったら言ってね」と言われ続けたけど、私の気持ちは特に変わらなかった。

けれど支払いが一年以上続いて、私の誕生日に「今月は明日菜の誕生日だから二万円多く振り込まれたよ。そのお金でプレゼント買ってあげてほしいってさ」と聞かされたときは心が動いた。「え？　なんで私の誕生日覚えてるの？」って。そもそも養育費を毎月支払い続けてるってことは、私のこと自分の子どもだと認識してるってこと？　ゼロ歳の私と母を捨てて出て行ったのに？　今更どういうつもりなんだろう？　そんな気持ちが湧き起こり、頭の中がグルグルした。

私は自分で確かめたかった。父親がどういうつもりでいるのか、私のことをどう思っているのか、それから私の父親がどんな顔をしているのか。だから母に「死んだら会えないから一回会ってみる」そう伝えた。

実の父との再会

会うって決めてからは、母がスムーズに日程を決めてくれた。高校一年生の夏休みだった。金髪のベリーショートで露出の激しい格好をした私は、朝からけっこう緊張していた。ＪＲ上野駅の改札を出たところで待ち合わせっていうけど、顔も知らない初めて会う人がわかるかな？　上野駅って人いっぱいいるし。それに会ったら何話せばいいんだろうって。

改札につくと案の定、人がわんさかいた。でも私は一目で父親がわかった。写真で見たとおりスラッと背が高くて、顔も年齢より若く見えた。私は近づいて行ってまっすぐ目を見て「こんにちは」って言った。向こうはすごく緊張した様子で「こんにちは。どうしようか、なんか食べに行こうか。何がいいかな、きらいなものはあるかな」と戸惑いながら聞いてきたので、私は「辛いものが好きです」って言って、私たちは駅ビルのタイ料理のお店に入った。その人の顔は、小さくて低い鼻。笑うと、目がすんごく細くなった。それが自分の顔を見てるみたいで「なるほど。私の顔の嫌なところはこの人の遺伝子かよ」と心の中で思った。

席に着くなりその人は真剣な顔で「今まで何もしてこなくて本当にごめん。俺には明日菜以外に子どもが三人いるけど、明日菜のことはずっと忘れていなかったし、長女だと思ってる」と言い、財布の中からボロボロの写真を取り出した。そこには赤ちゃんだった頃の私が写っていて「ずっと持ち歩いてたんだ」って言った。私はビックリして、まるでテレビドラマみたいって思った。その人は「嬉しくて、今日娘に会えるんだって会社のみんなにも話したんだ」とか「お前たちには実はお姉ちゃんがいるんだぞって子どもたちにもずっと話してた」とか言ってきたから、私は予想外の展開に戸惑いつつも嬉しくなった。

私の想像では、この人は若気の至りでした、〝できちゃった婚〟によって生まれた私のことなんてすっかり忘れていて、歳をとってからやっと自分のしてしまったことを反省したところ、養育費を払えって言われて仕方なく払うようになった程度だろうと思ってた。それが私の写真を持ち歩いてた上に、長女だと思ってきたなんて、不思議な感じがした。私は四歳のときにママが再婚をして弟が生まれたこと、この前までママの彼氏と住んでたこと、今は母子家庭になって三人で暮らしていること、嫌なことがたくさんあったしママのこときらいだけどなんとかやってること、苗字が変わるのが嫌でずっと新川でいることを話した。

その人は「明日菜は大変だったんだな。苦労させてごめんな」と何度も言い、私はそのたびに「全然平気です」って答えた。もしこの人とママが離婚していなかったら、私はこの人を〝お父さん〟と呼んで、友だちの家と同じように十六年間平和に暮らしたのかな？なんて想像した。その人は「今日会うまで明日菜に恨まれていても当然だと思ったし、会ってどんな暴言を吐かれても仕方ないと思ってた。でも明日菜はこんなによい子で俺のことを許してくれるなんて驚いてる。こんなよい子に育ててくれたママに感謝してもしきれない」って言って喜んだ。

それで私はその人を〝お父さん〟って呼ぶことにした。

食事の後は上野のデパートのABABで思う存分、洋服やら香水、バッグやらを買ってもらって携帯メールを交換した。「これからは、明日菜が大人になっても結婚して子どもができても、ずっとお前のお父さんだからな」そう言われて別れた。私にも私を愛してくれるお父さんがいたんだ。今度こそ本物のお父さんなんだ。もうお父さんはいなくなることはない、これからはずっと存在するんだ。

対面を終えると、母から何通かメールが入っていた。「大丈夫？」とか「お父さんどう？」とか。そんなに心配しなくても大丈夫なのになんて思いながら、買ってもらった大荷物を抱えて帰ると、母は地元の夏祭りの屋台でママ友だちと飲んでた。私が到着すると母はすごく不安な顔で「どうだった？」って聞いてきた。だから私はお父さんとタイ料理を食べたこと、私のことを長女だって言ってくれたこと、謝られたこと、洋服を買ってもらったこと、それから私を立派によい子に育ててくれた母に感謝してるって言ってたことを話した。母は「よかったね」って言いながら泣きだし、私までつられてしまい、泣きながら「お父さんに会わせてくれてありがとう」って言った。母がこんなに心配しながらも、お父さんに会わせてくれたことがすごく嬉しかった。

お父さんとの対面は私にとって大きな精神的支えになったし、大きな変化になった。心のどこかでいつも「私はお父さんに捨てられたんだ。新しいお父さんもいつか私を捨てていくんだ」そう思っていたからか、私は自己肯定感が低かった。それが「私も愛されていた」とわかったことで自分を否定する気持ちから解放されていった。

恋愛体質の母

高校生になった私は、アルバイトと遊びとオシャレと恋に精を出した。弟も大きくなって私が面倒を見なくてもよくなったし、母が男を連れ込むこともなく平和な日々が続いた。

私はバイトばっかりして、家にいる時間はすごく少なかったけど、帰ればそれなりに仲良く生活していた。でも、そんな日は長く続かない。母にはまた彼氏ができたようだった。

私は母に「恋愛してもいいけど、絶対に家には持ち込まないで。弟には彼を紹介しないで」そう言い続けた。それでも母は仕事のイベントにその人を招待し、私はその人を紹介され挨拶せざるを得なかった。彼氏とは言わなかったけど絶対に彼氏だって思った。

なんでこんなに恋愛体質なんだろう？　子どものことより自分の恋愛ばっかじゃん。なんでこんな親の元に生まれてきちゃったんだろう。子どもにあんまり干渉せず、子どものことより仕事って感じだったから、ＰＴＡとか部活のお手伝いとか、そんなこと一度もしてくれなかった。子どもへの愛情が薄い女なんだ、私はもっとお母さんらしいお母さんの子に生まれたかった。そう思っていた。

しばらくすると、私はだんだんと学校をサボったり夜遊びするようになった。家に帰っても母と楽しい会話があるわけでもないし、友だちとか男の子といるほうが楽しかった。バイト代でおしゃれもできたし、少し大人っぽい格好をすれば居酒屋にも入れた。母はそんな娘のことを相当心配していたらしいけど、心配されてるなんてまったくわからなかった。私が何をしようがどこで遊ぼうが、母は私より自分がいちばんかわいいんだから関係ないと思っていた。あの頃の私には、母の心配は伝わっていなかったんだよね。

祖父母

そんな危うい高校時代でも、私が完全な不良にならずにすんだのは、母の両親のじいちゃんとばあちゃんの存在があったからだ。

小さい頃から私はじいちゃん、ばあちゃんっ子で、二人のことが大好きだった。中学生になって部活が忙しくなっても月に二度は通った。ストレスが溜まったときも家に帰るのが辛かったときも、私には〝ばあちゃんち〟という逃げる場所があった。母の悪口を言ってもばあちゃんは「そんなこと言っちゃだめでしょ」なんて決して言われなかった。「明日菜はいちばん苦労してるよ」とか「偉いよ」と言って慰めてくれた。

じいちゃんは無口だけど、私が行くと喜んでいることがわかったし、私が来ることがわかると、いつも私の好きな食べ物を買っておいてくれた。バイクの後ろに乗っけてもらいスーパーに行ったり、犬の散歩をしたりした。ばあちゃんは「もし高校生になって明日菜が髪をまっ茶にしたり、変な化粧なんかしたら出入り禁止にするからな！」って言ってたけど、髪が金髪になっても肌がガングロになっても変な化粧をしても、出入り禁止になることはなかった。「そんな黒んぼみたいな目にして」とか「そんな不良みたいな髪の毛にして」とか文句はいっぱい言われたけど、変わらず私を愛してくれた。私が行けば「明日菜がいちばんかわいいよ」って言ってもらえた。

母が恋愛ばっかしていて私に関心がなくても、それを二人が補ってくれた。どんなに母がきらいで反抗していても、じいちゃんとばあちゃんのことは大好きだったし、二人が悲しむようなことはしない。そう思いながら生きていた。

父子家庭と二度目の再婚

母は彼氏とはいつの間にか別れたらしく、しばらく何もなかったのに、また彼氏ができた。今度はなんと相手も子連れ。しかも二人も。このとき私はたしか高校二年生だったけど、正直、この頃の記憶がほとんどない。彼氏と紹介された後、一緒に暮らし始めた時期も、それに私は抵抗しなかったのかも思い出せない。もちろんきっと抵抗したんだと思うけど、もう諦めてたのかもしれない。何を言っても無駄なんだって。

とにかくうちは急に大家族になって、知らない男と、男が連れてきた三歳の女の子と中学一年生の女の子との、六人暮らしが始まった。その男のことを私も弟も〝たっちゃん〟って呼んだ。母も昔のようにパパって思いなさいって強要しなかったし、家族になったというより同居人が増えた感じで、不思議な日々が過ぎていった。

たっちゃんは私や弟に干渉してきたり何かを命令したり怒ったりすることは、一度もなかった。妹たちも特別なついてくるわけでもなく、適度な距離を保っていた。だから私も前みたいに大きなストレスを感じることはなかった。それでも今まで居心地のよかった家の中に他人が三人も来たわけだから、私はなるべく家に帰らないように、帰っても家族と顔を合わせないようにしていた。バイトはもちろん、夜は遅くまで遊び歩いたりもした。それを制限されたり干渉されなかったのは良かったと思う。

そのうち友だちとキャバクラでバイトを始めるようになり、高校二年生の夏休み以降は昼夜逆転生活になった。朝方、バイトから家に帰る頃には家族は全員寝てる。私が目覚める頃は家には誰もいない。そして夕方誰も帰ってこない前に出勤する。その生活のおかげで再婚生活は前よりずっとラクだった。

おじさんになつく

キャバクラをやろうと思ったのは、お金が欲しかったからじゃない。家にいたくなかったのもあるけれど、それも大きな理由ではない。

私は高校生になった頃から自分が異常におじさんが好きなことを自覚していた。いや、好きっていうと語弊がある。おじさんにかわいがってもらいたい、おじさんって話してるとラク。優しいしなんでも買ってくれるしいいじゃん！　そう思っていた。おじさんをうまく利用してご飯をご馳走してもらったり洋服を買ってもらったりすることに優越感を持っていた。決しておじさんは恋愛対象にはならないけど、私はおじさんに父性を求めていたのかもしれない。でもおじさんは下心があるからご飯をご馳走したり洋服を買ってくれたりするわけで、そんなおいしい関係は長くは続かない。そのうち少しでも危なくなったらさようならって逃げる。そんなことをしていた。

だからキャバクラは私にとって最高の場所のように思えた。おじさんがたくさんやってきて堂々とおじさんを利用できる。でもキャバクラっていう場所にいる以上、身体を迫られたりしない。そんな魅力的な仕事はなかった。

私がキャバクラでバイトを始めたことについて母は止めなかった。「危ないからやめなさいよ」くらいは言われたかもしれないけど、「自分だって大学生パブで働いてたくせに」と言い返されたらと思うと、止められなかったのかもしれない。

そんな感じで生活していたからか、高校を卒業し大学に進学したけど、私はすぐに大学が嫌になった。夏休み前には行かなくなって「大学辞めたい」って母に言った。母は「ふざけるな」って大騒ぎになって、母とたっちゃんと私の三人で居酒屋で話し合ったけど、私の気持ちは変わらず「私、キャバ嬢として生きていく」とか、今思えばわけのわからないことを言って、結局、私は大学を辞めることにした。

家を出る

私の生活はキャバクラ中心になっていった。キャバクラの仕事は友だちもたくさんできて楽しかったけど、精神的に苦痛なことも多く、私には続けるのは無理だと思った。そこで夏休みが終わった頃から、新宿のアパレルショップで働くようになった。仕事のおかげで家にいることは少なかったけど、家に友だちを泊めたり彼氏を泊めたりすることは多かった。

そのうち母は「早く出て行け」って言ってくるようになった。高校生のときから「卒業したら家を出て行け」って言われ続けて「言われなくてもこんな家、出てってやる。母は私が邪魔なんだ」そう思ってきた私は、言われたとおり十九歳で家を出て、ひとり暮らしを始めた。

ひとり暮らしは快適すぎるくらい快適だった。誰に気を使うこともなく自由に過ごせたし、友だちも彼氏も思う存分、呼べた。ただ、想像以上にお金がかかった。家賃、光熱費、食費はもちろんシャンプーとかトイレットペーパーとか、こんなに早くなくなるのか、こんなに高いのか、って驚くことが多くて自立することの大変さを思い知った。

その頃、アルバイトから正社員になれることに決まったけれど、正社員になってもこの収入じゃとてもじゃないけど生活していけないと感じて、私はアパレルの仕事をやめた。

そして戻ったところは結局、キャバクラだった。手っ取り早くお金が稼げて、大好きな友だちとも働ける。それがいちばん良い方法だった。

4 親と向き合う――オトナの入口編

成人式のプレゼント

ひとり暮らしも半年以上が経った頃、私は成人式を控えていた。自分が二十歳になるなんて信じられないけど大人になる。この頃、実家に帰ることはほとんどなく、たまに「駅で飲んでるからおいでよ」とか誘われて母と会うくらいだった。離れているくらいがちょうど良い関係でいられることもわかった。

ついに明日は成人式という日の夕方、母から渡したいものがあるからと実家に呼ばれた。そこで渡されたのは〝明日菜成長の記録〟。古い育児日記みたいなものだった。「何これ?」って聞くと「明日菜が生まれてから付けてた記録。二十歳になったら渡そうって思ってたんだよね」。そう言われて私がビックリしていると、さらにもうひとつ、高級そうなネックレスの箱を渡された。「二十歳のお祝いにダイヤモンド」。開けると本物のダイヤモンドのネックレスが入っていた。嬉しかったけど恥ずかしくて素直に喜べない。「ありがとう」って軽くお礼を言って、私は二つのプレゼントを持って帰った。ネックレスも嬉しかったけど、古びた成長の記録のほうがもっと嬉しかった。こんなものがあることすら知らなかったし、母はそういうものを記録するタイプじゃないと思ってた。

育児日記を開くと、私の名前の由来が書いてあった。〝明日を見つめて菜の花のようにかわいらしく育って欲しい〟。そんなこと聞くのは初耳だわと思いながら中身を見ると、私を産んでからの日記がびっしり書いてあった。ミルクを何cc飲むようになったとか、今日はよく笑ったとか。それから出産記録がこと細かく書いてあった。

八か月目で破水をしてから何日も点滴を打って入院していたこと、未熟児の赤ちゃんが死んじゃうかもって思ったら涙が止まらなくて「今日まで苦労して守ってきた赤ちゃん、失うくらいなら私が死んだっていい」って思ったってこと、すごくすごく大変なお産だったのに、夫は「次は男だなー」と言って自分だけ遊びに出かけたりしたこと。母がどんな思いで私を産んでくれたのかがわかって涙が止まらなかった。また同時に、無責任な父に苦労していた様子もわかった。

そして二十三歳だった母が書いた私へのメッセージには、「ママがこんなことを言うと明日菜は悲しいかもしれないけど、今ママはパパのことを殺したいくらい憎いです。パパと結婚したこと後悔してます。だけど明日菜を産んだことは後悔してません。あんな父親だったら明日菜のためにもいない方がいいと思い、別れることにしました。これから父親がいないってことでさみしい思いをさせることもあると思います。ごめんね。だけどママがたくさんたくさん愛してあげるから、優しい女の子に育って下さい。明日菜ちゃんがんばって！」とあった。子どもに愛情の薄い女だと思ってた母の、私への大きな愛情を初めて感じた。

今の母は強すぎる鉄の女って感じなのに、日記の母は今とは全然違う二十三歳のか弱いお母さん、必死に子どもを愛するお母さんだった。最後のページに今の母から二十歳の私に向けたメッセージが書いてあった。

「いつか大人になったときに読んでもらおう……と思ってこれを書いていました。ふと思い出して読み返してあっという間の二十年に感動しています。たくさんケンカもしたしヒヤヒヤすることもたくさんあったけど、全てが懐かしくていい思い出です。人に優しく心のきれいな女性に育ってくれて本当に良かった。ありがとう！　ひとつ忘れないでください……子どもはいつまでたっても親から見たら子どもです。いつになっても我が子への手助けに力をおしまないものです。何かあればいつでも相談してくださいね」

普段は喧嘩ばっかりで母にそんなことを言われたことはなかった。母は私のことをたいして愛していないって思ってた。でもそれは違ったんだ。母は私のことを大事に思ってたんだ。恋愛体質、だけど不器用なだけだったんだ。涙はどんどん溢れて止まらなくて、私は夜中、泣いた。親から見たら子どもはいつまでたっても自分の子ども。成人しても離れて暮らしても私は母の子どもなんだ——。

今までずっと母のこと大きらいって思ってきた、その気持ちがスーと消えていくような気がした。この日記を読んで、母が、か弱いお母さんから鉄の女になっていったのは仕方なかったんだなって思ったし、私の父への憎しみも痛いくらい共感できた。二十三歳ってことは今の私とそんなに変わらない歳なのに、すごいと思った。一度目の再婚のときも、母はいろいろと悩んだ結果、新しいパパができて、私も自分も幸せになれると信じていたんだな、やっと見つけた幸せだったんだ、でもその人ともうまくいかなくて母も辛かったということが、とても伝わってきた。

この日記が私と母の関係を良い方向に変えるきっかけになった。プレゼントがすごく嬉しかったことは伝えたけど、やっぱりまだ恥ずかしかったから、それについて深く話すことはしなかったけどね。

私のための養育費

それから二十歳の日々が過ぎ、私はキャバクラを辞めてある企業に就職をした。就職をしてからも仕事でいっぱいで実家に行くことはなかったけど、たまに一緒に飲んだりばあちゃんちに行ったときに合流したりして適度に良い関係を築いていた。

あの日記を貰ってから、あることに関して母に尊敬とありがとうの気持ちが生まれてきた。それは私の実の父に養育費の調停を申し立ててくれたこと、それから十五歳で会わせてくれたこと。あの頃はそれについてなんとも思わなかったし「会ってみて良かった」くらいの気持ちだったけど、今考えたら母がしてくれたことはすごいことだと思えた。育児日記に書いてあったように、子どもができたのに自分のことしか考えてなくて、私たちを捨てて出て行った無責任な男に、本当なら二度と娘を会わせたくないと思う。今まで必死で育ててきたんだから、お金だって今更あんたからもらいたくないわって思うんじゃないか。

それでも母が養育費を申し立てたのは、自分のためじゃなくて私たち子どものため。そのことが日記を見てわかったから、母に対して感謝の気持ちが湧いてきたんだ。

母は私が中学生の頃、自分がシングルマザーだった経験を生かして「母子家庭共和国」というウェブサイトを立ち上げ、ＮＰＯ法人を設立。シングルマザーの支援や相談を受ける仕事をしていた。

その事業の一環で離婚後の親子の養育費や「面会交流」の促進を行っていたんだけど、子どものときは、母がやっている仕事が嫌だった。自分が離婚をしたことを仕事にするなんて恥ずかしくないの？　私は人に知られたくないんだからやめてよ！　と思ってた。でも自分が父親と会ってみて、改めて母がやっている仕事の意義や必要性を感じることができた。そしてそれを心の底から実感する出来事がやってきた。

私の経験が誰かの役に立つ

母の団体が主催する「養育費の日キャンペーンイベント」が毎年四月十九日に行われている。やっていることは知ってたけど、別に興味もなく、参加したこともなかった。

二十一歳の年、母から「明日菜が父親に会った経験、養育費をもらうようになった気持ちなどを人前で話してほしい」そう頼まれ、軽い気持ちで承諾した。本当はVTR出演だったんだけど、前日にお酒を飲みすぎて顔がアンパンマンみたいだったから映像を拒否して当日出演することになってしまった。

よくわからないまま、私はイベントの舞台で初めて養育費を払ってもらうようになったときのこと、会いたいと思っていなかった父が、私の誕生日を覚えていたことから、父への関心が湧いたこと、実際に会ってみてほんとうに良かったと思っていること、だから私にとって養育費はただのお金じゃなくて自分の人生を変えるきっかけになったということを話した。

その場には、私の話を聞いて涙を流している人がいたり、私の話が聞けて良かったと言ってくれる人がいた。私の経験が誰かの役に立つんだ。私がマイナスだとばっかり思ってた私自身の生い立ちをプラスに生かせるんだ。このとき初めてそう思えた。私と同じように親の離婚と再婚を経験する子どもたちは、どんどん増えている。過去のことを忘れて、これからの自分を生きていくのも大事だけど、自分の経験を今困っている子どものために生かしたい。そう思うようになった。

そうは言っても何をすればいいのかわからなかったし、どういう職業なら実現するのかもわからなかった。だからとりあえず母に相談しに行った。すると母は「うち（母の団体）で勉強しながら自分で作ればいいじゃない」って言ってきて、母と仕事をするなんて考えたこともなかったけど、私は思いを進めるために、そうすることに決めた。

私の本音

あの日記をもらって母と離れて暮らすようになってから、母とはだいぶ良い関係になっていたけど、私は過去の出来事を許しているわけじゃなかった。やっぱり私は母が何度も離婚を繰り返したり、恋愛を家に持ち込んで、子どもを振り回したのは間違いだと思ってたし、私の辛い経験も消えていないもん。

当時の思いと経験を生かして子どもたちに何かするといっても、一緒に仕事をするとなると、気持ちを全部母に聞かれることがネックだった。母以外の他人に話して、それが誰かのためになるのは嬉しいし躊躇なく話せるけど、母本人に聞かれるのは勇気がいる。そんなことを聞いて母は平気なんだろうかと思って、こわかった。

私は意を決して「ちょっとずつ小出しに発信していく作戦」に出た。だって言わないと子どもの気持ちは伝わらないもん。まずは自分自身のことから振り返って、私が過去に感じてきた母への不満、パパたちへの複雑な感情、ストレス、母があのときこうしてくれていたら……というのをブログに発信していった。

「小出し作戦」が良かったのか、母は何か言ってくることもなく応援してくれた。実は私は母に聞かれることで、母をネチネチいじめて満足していた気持ちもある。

母を許すためには、私はこんなに苦労したんだ！　辛かったんだ！　って受け止めてもらう必要があったし、母に反省してもらう必要があった。母がちゃんと受け止めてくれるのか試しながら、私が過去の不満を全部、出し切ることができたとき、やっと母のことを許せたし、母のことが好きになれた。

5　実の父と向き合う——本当の父親の現実を受けとめる編

実父の存在

ちょっと話は戻るけれど、高校二年生の夏休みに、私は初めて実の父と感動的な対面を果たした。だけど、それには話の続きがある。

初対面から一年も経たない頃、養育費の支払いが途切れたことを母から聞かされた。そのときはショックというより「あぁ、やっぱりな」って感じだった。母も予想していたらしく「お金がなくて払えないのよ、きっと。減額してでもいいから払い続けてくれたらいいのに。そういうところ、かっこつけたがるんだよね」と言った。

半年前、私の誕生日が近づき、そろそろお父さんに会ってプレゼントでも買ってもらおう♪と思ってメールで連絡をしてみたけど、仕事で忙しいので日程の都合がついたら連絡すると言われたまま、予定は立たなかった。そのとき私は、都合がつかないんじゃなくてお金がないんじゃないか？って思った。一回目に会ったとき洋服やらバッグやらをたくさん買ってもらっちゃったから、私に会うとなるとお金がなきゃだめと思ってるのかな。それに養育費を払っていないのに私に合わせる顔がないんだろうなとも思った。私は別に安いプレゼントでもいいから、直接会ってお誕生日をお祝いしてくれる気持ちが欲しかった。でもそういう人だからしょうがない。

それから二、三か月に一度くらい、お父さんからメールが届いた。「元気か？」とか「風邪引いてないか？」とか。「うん元気でやってるよ」とか「お父さんも仕事がんばって」とか返信するだけだけど、私のこと忘れてないんだなと思って、メールが届くことが嬉しかった。それが私の心を安定させてくれたのは間違いなかった。離れていても、離婚をしていても、自分を愛してくれる親が存在していることは、自分が思っていた以上に大きなことだった。

父との再会

そんなやり取りのなか三年が経過し、そろそろもう一度お父さんに会ってみたいと思った。自分が社会人として働きはじめた十九歳という節目の年齢を迎えたからかもしれない。自分からメールで「今新宿で働いています。仕事帰りにご飯でもどう?」って誘った。そのときはお父さんもすんなり都合をつけてくれて、私たちは三年ぶりに会うことになった。

お父さんが新宿のおしゃれな居酒屋を予約してくれて、そこで待ち合わせをした。久しぶりに会ったお父さんは全然変わってなくて、相変わらず緊張している様子で何本も煙草を吸っていた。現れた私を見て「明日菜ずいぶんギャルっぽくなったな」なんて驚いていたけど、不思議と気まずい雰囲気にはならなかった。高校を卒業して大学に進学したけど辞めちゃったこと、その後、アパレルショップでやりがいのある仕事をしてること、母が再婚をしてうちは大家族になったことを報告した。

実父という男

それからお父さんはごく普通に「彼氏はいるのか?」って聞いてきて、私は付き合って半年くらいの彼氏がいることを話した。お父さんは即座に躊躇することなく「避妊はちゃんとしなきゃダメだぞ」とか言ってきて気まずかったけど、開けっぴろげに話ができるのも悪くないかなって思った。すると、それを察してなのか、お酒が回ってなのかわからないけど、お父さんが衝撃発言を口にした。

「実は俺も付き合ってる彼女がいるんだ」

え？　彼女？　ちょっと待って、あなたには確か奥さんと子どもが三人いましたよね？　混乱する私に構わず、一緒になりたいと思っているんだということ、そして今の妻とは別れることを話し始めた。それを聞いてるときの私は動揺していたけれど、すごく好意的な反応をしてしまったと思う。「へぇ！彼女そんなに若いなんてすごい！」って。お父さんのほうもなんのためらいも罪悪感もない様子で、無邪気に話し続けた。

私は驚きや怒りを通り越して呆れていた。と同時に、母がこの人を好きになり、そして別れた理由がよくわかったし、この人は私が産まれた二十二歳のときと何も変わってないこともわかった。二回しか会ったことのない実の娘に、無邪気にこんな話をするなんて子どもすぎる……。冷静な気持ちとショックが混ざり、よくわからない感情になり、頭の中がグルグルした。

それでも不思議だったのは、お父さんのことを憎いとまでは思わなかったことだ。むしろこの人を好きになった母の気持ちも今の奥さんの気持ちも、わかるような気がした。

やってることはいい加減で、心変わりも激しくてどうしようもないくせに、本人は至って真剣で無邪気で、女性を愛するときは本気のように思えた。なんか憎めない男。少年のような男。そんなふうに感じた。

私の心は十九歳のこの日をきっかけに変化した。どこかで美化していた実の父は、人間として、男としてどういう人だったのか。その現実を受け止めなきゃいけないことを学んだ。母がこの男を選んだことは失敗だった。そして離婚に至った仕方なさも現実として受け入れた。そのことを母に伝えたら、母は驚いて呆れていたけど「昔からそういう人だよ。人はそう簡単に変わらないね」って言って笑った。

それからは自分から積極的に会う気持ちも湧かず、また日々が過ぎていった。相変わらずたまに「元気か？」ってメールがきて、それに返信をしたけど、離婚や彼女のことは聞かなかったし、お父さんも言ってこなかった。

しばらく経つと、父からメールが届くのはお正月と私の誕生日くらいになった。でも私の中では誕生日当日に毎年ちゃんとメールが届くかどうか、期待している気持ちがずっとある。届けばホッとするし、もし届かなくなったら関係は終わると思う。

その後、さらに四年の月日が流れ、そろそろまたお父さんに会いたいと思うようになって、自分からご飯に誘った。すぐに返事がきて日程の約束をしたけれど、仕事だとかでドタキャンをされた。それが二回続き、お父さんは私に会いたくないか、お金がないか、後ろめたい何かがあるのだなと受け止めて、会うのを諦めた。

実父という男2

実の父との話にはまだ続きがあった。さらに時が過ぎしばらく音沙汰がなかったけれど、私の誕生日と東日本大震災をきっかけに、お父さんから「元気か？」のメールが久しぶりにきて「元気だよ」ってやり取りをした三日後、衝撃的な事件が起きた。

私は仕事が終わり、携帯の履歴を見たら、母から何件も着信が入っていた。夜の九時近く、そんな時間に電話してくるなんてなんかあったの⁉ と急いでかけ直した。母は「今、明日菜の実の父親から電話がきて、お金貸してくれないかって頼まれた。あんたには言ってきてないよね？ 言われても貸しちゃダメだからね‼」って言い放った。

衝撃とともに心臓が大きくジャンプした。だってつい三日前にお父さんからメールがきたばかりだったから。

母には、メールはきたけど、今のところお金貸してとは言われてないってことを伝えると、「ならよかった。まぁさすがに明日菜には言ってこないと思うけど」って言いながら、呆れたように母は笑った。私は母に、「急に電話してきたの？　今までも連絡取ってたの？　いくら貸してって言われたの？　なんのために？」と一気に聞いた。「連絡なんて明日菜の十五歳のときの面会以来取ってないわよ！　何に使うか理由も言わないまま、そんなに多くない金額なんですけど……二十万貸してくれませんか？　って急に言われたのよ」と母も一気に返してきた。

なんじゃそりゃ。なぜ二十二歳で離婚した女にお金を貸してと頼めるんだ？　しかも二十万って……。呆れたを通り越して笑えてきた。母は「むりです！」と断り、父は「そうですよね。急にすいませんでした」とすぐに諦めて電話を切ったらしい。

笑い話で終わったけど、全然笑えない話だ。私の父親はいったいなんなんだろうと情けなくなり、十五歳で初めて会ったときの、あのキラキラ見えた父はなんだったんだろう……とまた現実を突きつけられた気がした。

でももう、十九歳のときみたいなショックは受けなかった。今の私は、自分の父親がどういう人か受け止める精神力を持ち、諦めることも、お父さんに期待しちゃいけないことも覚えたから。

ひとつ言えるのは、十五歳から十九歳まで、私のなかで美化されたお父さんという心の支えでいてくれてありがとうっていうこと。お父さんに会えたこと、お父さんという人間がどんな人なのか、自分の目で確かめることができたのは本当によかった。

＊　＊　＊

〝大きらいな母〟と私の最悪な親子関係が、どのようにして信頼し合える親子関係になったのか、体験を通してその変化を伝えてきた。子どもに愛情が薄くて自分勝手だと思っていた母が、本当は子どもを愛する、ごく普通の母親なんだってわかるようになったのは、成長日記の記録も含めた、母の日々の対応の積み重ねだったと思う。

私の心配なんてしないと思っていた母が、実は私を本気で心配していたことや、陰で私との関係に悩んで誰かに相談していたこと――。当時は全然わからなかったけど、後からそういうことがわかるにつれて、私は母への愛情を少しずつ取り戻す作業ができた。

その積み重ねは、今思うとどれも大切で、どれかひとつでも欠けてはいけないことだったなと思う。あの頃は、今のように母と良い関係になれるなんて想像もできなかった。

もっと早くからコミュニケーションが取れていれば良かったのにね。

Chapter 2

どう向き合う？
離婚、再婚、親子関係

離婚を考えた。離婚した。その時、子どもの気持ちがわからず、どうしたらいいかと悩んでいませんか。それにはなにより、子どものことは子どもに聞くのがいちばん！ です。
ここでは、親子関係を中心に、子どもがどんな気持ちなのか、親に何をしてほしいのか、親の再婚に思うことなど、経験をもとにしたアドバイスとしてまとめています。

離婚を経験した子どもの気持ち

1 たった一度でもいいから、「ごめんね」って気持ちを、子どもに伝えてほしい

思春期から二十歳を過ぎるまで、何度も離婚と再婚を繰り返す母とケンカばかりしていた私。「あんたのせいで私の人生はめちゃくちゃ」と言い合いになり、母も負けじと「私だってあんたなんて産まなきゃよかったわよ」とか反撃してきたから恐ろしい。

一方、当時の恐ろしい喧嘩を間近で見て育った弟は、決して母に暴言を吐かない。吐くとしても母に聞こえない蚊の鳴くような声で「うるせぇーよ」くらいのかわいいもんだ。しかしよく今まで、母子の関係が成り立ってきたよなと思うと、自分で感心しちゃう。

大きらいだった母だけど、私は諦めきれなかった。何を諦めきれなかったかって？母が私の辛かった気持ちを理解して謝ってくれることを。

あのときの反抗を振り返ると、理由はただひとつ。私は母からたった一度でいいから「ごめんね」と言ってほしかったんだよね。母は離婚をするときも、再婚をするときも、一度だって私に謝らなかった。私が「なんでいつもそんなに自分勝手なの？」私は振り

回されて辛いんだ！　その気持ちがわかるのか！」って訴えても「これは私の人生なんだからあんたには関係ない！」と反撃されるだけだった。母にしてみたら「そんな過去のこと言われたって、今さらどうしろって言うのよ」って感じだったと思う。でも、私には「だから謝って」って気持ちだった。一度でも謝ってくれたら十歩譲って受け入れる努力をするのに……って。

親子だから言わなくてもわかるとか、親だから子どもには強い姿を見せなきゃとか、そんなのは逆効果。子どもは親に裏切られたくない。信頼し合える関係を築きたいの。そのために親子でも最低限、守らなきゃいけない約束がある。

私はそれを〝親子関係は特別ではない、五つの約束〟と名づけた。

1・自分の気持ちを話す
2・相手の気持ちを聞いて理解するよう努める
3・大事な相談や報告はする
4・嘘はつかない
5・自分が悪いときは謝る

親子関係は特別なんかじゃない。他人との関係を築いていくときと同じなの。

2 「誰がお金を払ってやってんだ！」は禁句 お金の話を引き合いに出すのはまちがい

「誰がお金払ってやってると思ってんだ！」って言葉、親と喧嘩して言われたことありませんか？　親が離婚しているとか再婚しているに関係なく、ある人はけっこういるんじゃないかと思う。私はこの言葉を言われるのがいちばん嫌だった。

喧嘩するたびに母が言うこの言葉に、私は怒り爆発だった。私が生意気なことを言って喧嘩がエスカレートすると、母はこの言葉を言った。でも私は「誰がお金払ってやってるんだって、あんた親なんだから払うの当たり前だろ！」と言い返してた。そうすると母は更にキレて「お金払ってもらうのが当たり前じゃねーんだよ！」と言ってくるので、私は「お前が勝手に産んだんだから、払うの当たり前だろ！」と言い返す。すると「お前なんて産まなきゃよかったよ！」にまで及ぶ。負けじと私も「誰も頼んでねーよ、じゃあ殺せよ！」とまで喧嘩が深刻化するという悪循環。

それもこれも「誰がお金払ってやってると思ってんだ」発言がいけない。子どもは言われなくとも親が思う以上に、自分の家は、ほかの家と比べてどのくらいの経済状態なのか、貧乏なのかお金持ちなのか、親のお金のことを気にしてる。うちはちょっと貧乏らしい……ってことを悟ると申し訳ない気持ちになる。部活とか学校とか習いごととか、自分のことにすごくお金がかかるのがわかってるから。

お金持ちの子の家を見て「いいなぁ。うちもああだったら、私も気にせず部活のユニホーム代金のこと切り出せるのになぁ」なんて思いながらも、親を逆恨みしたりもしないわけ。だって親だって頑張って働いてるの知ってるから仕方ない。それなのに、誰がお金払ってやってると思ってんだ発言をされた日には、やりきれない。そんなの言われなくてもわかってるよ、わかってるけどこっちだって我慢してんだよ。それなのになんでそれだけ上から目線でお金の話をするんですか？　とね。

子どもは自分で生活費を稼ぐことができないから、お金の話を引き合いに出すのは間違ってると思う。そんなふうに言われなければ、お金を出してくれる親に感謝の気持ちが生まれるものを、言われることによって「私だって好きでこの家に生まれてきたわけじゃない」と反発して、感謝の気持ちは消えうせる。それじゃあおたがい悲しいよね。

感謝しなさいって言われない方が、感謝の気持ちは湧くものです。子どもが自然に感謝することを信じて、お金の話を子どもに出すのは避けてほしいなと思う。

3 〝お父さん〟がほしいときもある お父さんの疑似体験も時には必要

私には、実の父親が存在する。

でも一緒に暮らしたことはないし、血がつながっているだけで全然お父さんじゃない。二十四年間のうちにパパが三人出現したけど、それも私にとってはお父さんじゃない。そう、私には父親っていう存在はいない。それは私の人生で普通のことだし、すごく悲しいとか寂しいとか思ったことはないんだけど、それでもたまに、無性にお父さんが欲しい！　って思うときがある。

どんなときかというと、ちょっと昔のＣＭだけれど、消費者金融のＣＭを観たとき！　テレビドラマで娘の結婚式で涙を流すお父さんのシーンが流れたとき！

そのＣＭは、お父さんと娘が散歩をしながら会話をするの。娘が「ねぇ。もし私が結婚したらどうする？」って。するとお父さんが強がった顔で「えっ……そりゃあ嬉しいよ」って言うの。それを観て私の中に、ＣＭの娘にすごく嫉妬する感情が沸き起こったんだよね。ずるい。私もそういう会話してみたい、とね。だって、私が結婚するときに「娘さんを僕にください！」「お前なんかに娘はやらん！」とかいうやり取りしてほしいもん！　母だったら「あらそう、どうぞ」ってあっさり終わりそうだもん（笑）。

もしも私にお父さんがいたらどんな感じかな？　一緒に出かけたりするかな？　それとも「お父さん臭い！」とか言って毛嫌いするのかな？　それとも一緒に晩酌したりするのかな？　なんて想像を、毎日じゃないけど、たまにふとしたりするんだよね。

お父さん疑似体験ができたらいいなと思う。近所のおじさんでもお母さんの知り合いでもいいから、一日中、自分だけの疑似お父さん！　みたいな。でも友だちのお父さんはダメだよ。友だちのお父さんは友だちのものだから、友だちに遠慮しちゃう。少し知ってるくらいの大人がやってくれたらいいな。

私は、お父さん疑似体験がしたくて、おじさんにばっかりなついてたんだと思う。高校生の頃はそういう時期だったんだね。

もし母子家庭で離れて暮らす父親と面会がない場合、なるべく多く疑似お父さん体験の場を作ってあげてほしいなと思う。

4

勉強は〝一緒にやりましょうね〟の習慣が大事 できるという自信を積み重ねることから

私は小学校から勉強が大きらいな子どもだった。特に小学校高学年の頃には算数ができなさすぎて、いちばん前の机で先生から個人指導を受けるほど。授業を聞いてもさっぱりわからず、毎日出される計算ドリルの宿題が私を苦しめたなど、いい思い出がない。当時は再婚家庭だったんだけど、新しいパパは仕事でほとんど家にいないし、母は働きながら家事と私の子育て。実態は母子家庭のようなものだった。

小学生の私は、算数の宿題が出る↓家に帰って広げてみる↓わからない↓でも聞く人がいない↓なので諦める、という悪循環に陥った。同じマンションに住む隣のクラスメイトのお母さんに「明日菜ちゃんは今日宿題ないの？」って聞かれると、できないのが恥ずかしくて「うちのクラスはないの」とごまかしてた。宿題に限らず、学校の時間割や持ちものの準備、すべて自分一人でやらなきゃいけなかったから忘れ物の嵐だった。毎日必ず忘れ物をして宿題もやっていかない。結果、私の計算ドリルはどんどん溜まり成績はみるみるうちに下がっていった。あの頃の自分が大きらいで、子どもながらに「私みたいなこんなダメなやつ、先生だってきらいに決まってる」と思っていた。

子どもにとって、できる自信を積み重ねることって重要なんだよね。できないって思ったら苦手意識は増える一方だし、やりたくないって思っちゃう。

そんな子ども時代を振り返って思うのは、小学校低学年からの〝一緒にやりましょうね〟の習慣がとても大事だってこと。宿題や家庭学習をする習慣、時間割の準備や持ち物チェックは、共働きや母子・父子家庭だと親が忙しいので「自分でやりなさい！」ってなりがち。でも習慣がつくまでの親との一緒の行為はすごく重要！　ここを逃すと、習慣がつかなくて忘れ物は増えるし、勉強にもついていけなくなる。

何事も最初が肝心。自分だけでは忙しくて無理……って人は近所のママ友でもいいし親兄弟でもいいし、外部の家庭教師でもいい。大事なのは「やりなさい！」じゃなくて「一緒にやりましょうね」。親はどうしても「やりなさい！」って言いがちなんだけど、習慣がない子どもにやりなさいと言っても、やるわけがありません。一緒にやることで習慣をつけてあげれば、そのうち自分でできるようになる。

小学校低学年からの〝一緒にやりましょうね〟を大切に。

5 子どもを一人の人として見ることが大事　子どもを「彼、彼女」と呼ぶのはOK

最近ふと思い出したの。母は、私が物心ついたときから、人に私の話をするときに「彼女がね」と私のことを言うって。「この子が……」「うちの子がね……」じゃなくて「彼女」。うちの弟のことは「彼が……」って言うの。

我が家ではそれが普通になっていたから、世間一般の親もそういうもんだと思っていたんだけど、どうやらみんながそういうわけではないらしい。「うちの子がね」「うちの娘」「うちの息子」って言っている声を多く聞く。

それは悪いことでもないし違和感もないんだけど、子どもがいる前で子どものことを人に話す場合、「彼女」とか「彼」って言ったほうが子どもの成長にいいんじゃないかなって、勝手に思ってる。

私は、なんとなく「うちの子が」じゃなくて「彼女が」と言われてきてよかったなって思う。親の付属品じゃなくて、一個の独立した人格として認められているように感じるから、物心ついたときから「お母さんは私を一人の女の子扱いしてくれてる」って自然に思えていた。人間として尊重されてるように感じた。

子どもはお母さんから産まれてきた「うちの子」に変わりはないんだけど、子どもが自分を形成していく過程で〝一人前の人〟扱いされることは、幼い時期から大事なんじゃないだろうか。守られている感はいつまでも欲しいけど、所有されている感はあんまりいらないって思うの。

新川明日菜という人格は、産まれた瞬間から一個の独立した人格だもの。〝お母さんの子ども明日菜〟じゃなくて新川明日菜。私はそう自覚することで、自分をしっかり見つめて成長していけるような気がしてる。

6 子どもへの心配は大げさなくらいがちょうどいい 心配してくれることがとっても嬉しい

うちの母は放任主義だった。周りの友だちは厳しい門限がある子も多かったけど、私は門限なんてなかった。高校生にもなるとバイトと遊びが楽しくてしょうがなくなって、帰りは二十二時を回ることもしょっちゅう。でも母は、怒ったり過度に干渉したりもしなかった。私は、母は自分の仕事と恋愛で頭がいっぱいなんだろうなって思ってた。

高校三年生の夏休み、いつものように夜遊びをして親友の家に泊まった。いつもなら「今日友だちのとこ泊まるから」って一言メールをいれるんだけど、その日はすっかり忘れてそのまま親友と楽しい夜を過ごして寝た。その親友の家は地下でもないのに携帯が圏外になっちゃう家だったから、携帯が鳴ることもなかったのね。

朝起きて家に帰ろうとして親友の家を出た瞬間、私の携帯に信じられないくらいの着信履歴とメールが入ってきた。

相手は「母」「母」「母」「母」と全部母からのもの。メールは「今どこ?」「なんで帰ってこないの？」「なんかあったの？」「心配だから連絡して！！！」。私はビックリして、これはやばいとすぐさま家にダッシュ。ドアを開けると、母は一睡もせずに起きていて「あと三十分帰ってこなかったらもう警察に電話しようと思ってた。連絡だけは必ず入れてよ」と言われた。怒っているというよりはむしろげっそりして抜け殻みたいだった。

私はそのとき「うわぁ、やっちゃった。申し訳ないわぁ」と思うと同時に、嬉しくて心の中でニンマリした。母がこんなに私を心配してくれるなんて初めてだったから。うちの母も普通の親で、私のこと心配してくれる。そのことがものすごく嬉しかったのを今でも鮮明に覚えてる。

それ以来、母は私を放任しているようで実はちゃんと心配していることを心に留めて、自由に遊ぶのは変わりないけど、心配だけはさせないように連絡は忘れなかった。

その出来事が私の中で大きかったのは、普段の母がドライすぎたんだと思う。母からすれば子どもを信頼して育てたい、信じてるからねって示したいと思って、言葉に出したり心配している様子を見せないようにしてたんだと思う。でももっと出してくれたら良かったんじゃないか。そこにすれ違いが生まれるなんて歯がゆいじゃん。

子どもへの心配は大げさなくらいがちょうどいい！

7 「どうして離婚したの？」に対して答えるのは大事 でも親自身の感情を込めすぎないで

私の実の父は〝無責任な父親の代表〟みたいな人。これは私が人生で初めて父に会った十五歳のときから感じてきたこと。でも思えば子どもの頃から〝私のお父さんは無責任な人〟って思ってたんだよね。ばあちゃんがよく口にしていたから。「あの男はどうしようもない男だった」って。

小学生になった私は自分のお父さんがどんな人だったのか気になるようになった。会いたいって感情はなかったけど、単純に自分のルーツに興味を持った。

ある日、母の洗濯物をたたんでいたら〝田中てるえ〟って書いてあったのを発見した。田中って誰？　と思った瞬間に「そうか！　お父さんと結婚してたときの名字だ！」とピーンときてすぐに聞いてみた。「お父さんって田中っていうの？　なんで離婚したの？　どんな人？」って。

そのとき母は「性格が合わなくて離婚しちゃったんだよ。写真がどっかにあるかも」

なんて言ってた気がする。それでなんでもしゃべってくれそうなばあちゃんに、お父さんはどんな人だったのか、どうして離婚をすることになったのかって聞いた。そうしたら案の定、ばあちゃんはマシンガントーク。二人の若すぎた結婚、お父さんは子どもが生まれてからもフラフラしていたこと、父親としての自覚が芽生えなかったことを「ほぼ悪口」で喋ってくれた。「てるえは、あの男が乗っていた高級車に引っかかったんだ。本当にバカだ。あれはあの男の父親の車だったのに」なんてことまで教えてくれた（笑）。

私は詳しい二人の経緯を聞けて満足だった。そして聞いたのが母からじゃなくてばあちゃんからで良かったと思った。もし母からほぼ悪口でお父さんの話を聞いていたら、辛かったと思う。両親のおたがいに対する負の感情が、子どもに伝わることほど残酷なものはない。だって子どもは二人の間から生まれているわけで、その片方を批判したり否定されることは、自分を否定されるのと同じだから。

「『離婚の理由をありのまま伝えましょう。でも悪口にはならないようにしましょう』って無理です。事実をありのまま伝えると悪口になってしまいます」

とよく他の親に相談されるんだけど、事実がどんなに負の出来事だったとしてもそれは大丈夫。肝心なのはその事実に対する親の負の感情を伝えないことだから。

「どうして離婚したの？」に対して借金、浮気、暴力、子に愛情が薄いなどの理由は理由として伝える。でもそこに「だからそんなお父さんが憎い」っていう親自身の感情を入れちゃダメ。「暴力を受けて、お母さんは精神的におかしくなって大変だった。一緒にいるのが耐えられなくなった」じゃなくて「暴力を受けてお母さんはお父さんとは一緒にいないことにした」てな具合にね。

うちの母は意識して相手の悪口を私には伝えないようにしていたらしい。それは大人になって気づいたこと。当時は母だってお父さんのこと殺したいほど憎かったと思う。でも母がその感情を私に表さなかったことに感謝している。

ほら、よく「うちの母ちゃんデブなんだよ〜」って自分が言うのはいいけど、「お前の母ちゃんデブだな」って人に言われるとすごく嫌なのと同じ。

親の悪口を言っていいのは子どもだけ！

8 子どもは大人以上にがんばっている母をほめる前に私をほめて

小学生の頃から私はこう言われていた。「明日菜ちゃんのお母さん偉いわよねぇ。女手一つで働いて、あなたたちを育ててるんだもの〜」。それも、会う人会う人、そう言ってくるから、私はだんだんストレスが溜まっていった。

最初はいいの。私だって母が頑張ってくれているのはわかってたし、心の隅っこで感謝もしてた。でもさ、母ばっかり褒められるとイラついてくるのよ。「母は偉いよ？偉いけどさ、私は？　私のほうが偉いよね⁉　だって母が離婚してもちゃんと我慢してるし、小さい弟の面倒だって見てるよ？　母子家庭だけど文句も言ってないじゃん！母を褒める前に私を褒めろ！！！」と思っていた。

特にうちの場合、母は自分の離婚経験を仕事にして起業していたから、周りの大人はいつも母がどんなに凄いかを私に語ったけど、私が欲しかったのは私を褒めてくれる大人だった。
「お母さんも頑張ってるけど、あなたはもっと偉いね。がんばってるね」そう言って欲しかったんだよね。そう言ってくれる大人がいなかったから、母への反発心も倍増していったのかもしれない。誰も私の気持ちなんてわかってくれない。わかるわけない。そう思ってどんどん卑屈になっていったんだよね。

大人は、会う人も、仕事も、住む場所も、家族も、自分で選択できるけど、子どもは学校という狭い世界で、家族という用意された世界で、生き延びなきゃいけないんだもん。大人以上にがんばってるのよ。だからがんばってることを認めて褒めてほしいの。近所の人でも親戚でも学校の先生でも誰でもいいから。

自分のことを褒めてくれる人がいると、がんばる力が湧いたり、親に感謝できるようになるんだと思う。それってね、子どもがお母さんに対して優しい気持ちになれるかどうかにも影響するんだよ。

さぁ、子どものことを褒めてくれる協力者を探しましょう！

9 時には親が降参してあげて思春期の構い方

母子家庭の母親から多く相談を受けるのが、娘の思春期について。小学校高学年から中学校、高校と進学し思春期を迎える。もちろん家庭の状況に関係なく、親に何を言われても反発心しか生まれない、口を開けば「うるさい、うざい、死ね」と暴言のオンパレード。特に女の子の場合、自我が大きく膨れ上がるので悲観的になったり感情的になったりするし、悲劇のヒロインにもなりやすい——まさに私がそうでした。

無視を決め込み何も話さなくなる子の場合は、様子をみて見守ればいいんだけど、私のようなタイプになると絡んでくるからまあ大変。親に何か言われると反発するくせに、構ってほしいから自分から絡む。私の場合は母にもっともっと自分を見てほしい気持ちが強かったから、気を引くための行動もした。母がどれだけ自分を見てくれて、どれだけ心配してくれて、どれだけ愛してくれているか試していたんだと思う。

お母さんから相談を聞いていると、昔の自分と母を見ているようで娘の気持ちが手に取るようにわかる。大好きなお母さんに構ってほしいんだろうなって。でもお母さんの構い方に満足いかないんだよね。満足いかないからエスカレートする。

お母さんのほうも自分一人で娘を育てていかなきゃいけないから必死だよね。お母さん役だけじゃなく、お父さん役もしなくちゃいけないから厳しくもしなきゃって。最初は言葉で言い返したり時には力勝負で戦っていくんだけど、そのうち疲れて娘の行動を見て見ぬふりをしたり放っておく作戦に出る。でもそれは逆効果。暴言を吐くのも問題行動をするのも〝構って〟のサインだから、がっつり付き合ってあげれば納まってくるもんだよ。

がっつり付き合うとは本気で反応してあげるってこと。言葉で叱るだけではなく、力で勝負するのでもない「悲しい。お母さんは辛い」って気持ちを表現する。ときには降参してあげることも大事。そして子どもに、心配してるんだよってことを言葉で伝えるほかに何が不満なのか、どうして反抗的な態度をとるのかを聞いてみる。泣き真似するくらいのほうが効果あるかも。親が本気になってくれることで子どもは満足感を得られるんです。そうやって構ってあげれば、少しずつ思春期は終りに近づいて、また仲のいい母と娘に戻れる。だから、一時の辛抱！

10 親の離婚は子どもに影響するの!? よい夫婦モデルを見て結婚観を養わせて

「親が離婚をしてると結婚観に影響しませんか?」

講演をしていると必ずと言っていいほど聞かれる質問だ。

私の答えは「はい、影響します」。

継続する夫婦関係を見たことがない子どもは「自分が結婚したときに離婚せず、家庭内別居状態もなく円満に結婚生活を継続することなんて本当にできるのかな?」と不安になることが多いと思う。

私と同じように親の離婚や不仲を見てきた友人に同じ質問をしてみても「わかる!」っていう共感の声が多い。「結婚なんて想像できない」「どうせ男なんてって思っちゃう」「変に冷静になっちゃう」「一生結婚しないかも」なんて声が飛び交う。

実は私の答えには続きがあるの。

「はい、影響します。自分が結婚したときに離婚せず、家庭内別居状態もなく円満に結婚生活を継続することなんて本当にできるのかなって不安です。でもだからこそ自分は継続する結婚生活を実現したいと思ってます！」とね。

私が前向きな考えになれた理由は、親以外の良い夫婦モデルを見ることができたからだと思う。

友だちの両親、彼氏の両親、母の友人たちなどね。円満そうに見えても蓋を開けると仲が悪い、どちらかが浮気をしているなんて、夫婦が多いこのご時世で、モデルとなる夫婦を見れたのは貴重だったと思う。最初出会ったときは目から鱗！　信じられなかったけど「世の中にはこんな素敵な夫婦もいるんだぁ」と希望の光になったもん。しかもそれを見た時期が恋愛に興味が集中するお年頃だったことも良かったんだろうね。

だからね、子どもには良い夫婦モデルをできるだけたくさん見せてあげる機会をつくってあげてほしいと思う。友人でも近所の家族でも誰でもいいから。

絶対にやっちゃいけないのは「親もうまくいかなかったからあなたも危ないかも」といったことを子どもに言うこと。むしろ「親はうまくいかなかったけど、あなたはそれを見て学んでるんだから大丈夫！　親がうまくいってないほうが子どもは良い結婚できるらしいよ」くらい言ってほしい。そんな話、聞いたことなくても、そこに根拠なんていらないのよ。それくらい言って安心させてほしい。

いい夫婦モデルをたくさん見せる！　言葉で良いイメージを植えつける！　子どもの結婚観を養うために親ができることはある！

離婚を経験した子どもから伝えたいこと

11 腹をくくってほしい 子どもとかかわると決めたら墓場まで!!

継父との別れを二回経験した私が親や大人に言いたいのは、「子どもと関わると決めたら墓場まで」くらいの気持ちで、腹をくくって、血のつながらない子どもの親になることを決断してほしいってこと。

結果的に離婚をしてくれて良かったとは思うけれど、その反面、「なんて無責任なんだろう」って思い続けてきた。私の父親になると決めて、恋愛から再婚に持ち込んだのは自分たちなのに、うまくいかなくなったら、やっぱり無理ですさようならって逃げるんだなんて、そんなに軽いものなんだって。私は親たちが決断したから嫌な気持ちに蓋をして生活してきたのに、別れるなら最初から私に負担をかけないでほしかったなって。

子どもの人生に関わるってことは重大なことでしょ。そりゃ、夫婦はいつ何が起こるかわからないし、離婚になるのは仕方のないことだけれど、子どもに責任を持ち続けることが、親として、大人としての最低限の義務だと思う。

私の場合、実の父親にも継父たちに対しても、悔しい気持ちや悲しい気持ちが残っていた。どうせみんな自分のもとからいなくなるんだなって気持ち。一人目の継父は、別れる前は弟を引き取りたいと言っていたのに、離婚をしたら子どもたちには会いたくないと主張してそれっきりだったから、一緒に生活した日々はいったいなんだったんだろう、自分の存在ってなんだったんだろうと悲しかったし、意味もわからなかった。

二人目の継父は、信じていたものに裏切られたという悔しい気持ちと、行き場のない怒りの感情、何より一歳からなついていた弟に父親をなくす喪失感を味あわせたことが許せなかった。そういう感情のまるごとすべてが私にとっての喪失体験だった。子どもたちにはそういう気持ちを味わってほしくない。

親が一回離婚するだけでも喪失感を味わうのに、再婚してできた新しい家族にも離れられたらそれは二重の喪失体験になるから。

だからね、再婚をすることは、一生、子どもの家族になる覚悟と決意で、腹をくくらないといけないことなの。覚悟はできないっていうときは、恋人として子どもとは一定の距離を置いてつき合えばいいと思う。関わると決めたら墓場まで——。

12 〝親は勝手だ〟と思われないために話を勝手に進めず、子どもの希望も尊重して

私は子どものときから、〝親は勝手だ〟と感じてきた。

離婚をした親向けの書籍やアドバイスなんかを見ると「子どもに離婚をして、どちらの親と住みたいかなどの意志を聞くのは酷なのでしないほうがよい。幼い子どもの場合は特に心理的によくない」と書いてあるんだけど、私はこれに対していつも思う。酷？どうして？

それってつまり、親の決断をただ受け入れて、離婚後の生活を送るほうが子どもにとっていいってことになるよね？　子どもに意見は求めずに、親の決断に従わせるほうが幸せ。そういうことだよね。そんな勝手なこと誰が決めたんだろう？

子どもが「僕はわかりません。僕に気持ちを聞くなんて残酷です。勝手に決めてください」って言ったのかしら？　と思う。少なくとも私自身も、私がこれまで会った子ど

もたちも自分の意志を持ってたよ。そりゃ人によっては「わかんない。どっちでもいい。どっちも嫌だ。僕に聞くな」って子どももいるよ。でもそれ自体も子どもの意志だし、気持ちだよね。

どっちの親と住みたいかは大きな選択だから、「そんなの離婚しないで、みんなで住むのがいいにきまってるわ！」と思う子もいる。ただ、どんな場合であれ、子どもは自分の親や家族に対して、なんらかの気持ちをちゃんと持ってる。だからそれを聞いてくれずに勝手に話が進むほうがよっぽど酷だ。

そもそも、親が離婚をすること自体、子どもにとって酷なことだ。

離婚後の生活は子どもにとってすごく重要なことなのに、自分は部外者なんだろうか？　もちろん、子どもが希望を伝えたとしても、その通りにならないかもしれない。それでも、親が自分の気持ちを聞いてくれた。その事実が大切なんじゃないだろうか？

まだ子どもだからそっとしておこう、じゃなくて、子どもも大人と同じ家族の一員として、気持ちを聞いてあげてほしいなと思う。

13 離れて暮らす親をタブーにしないで タブーにするほど悩む、不安になる

離婚をして子どもと一緒に住む親は、離れて暮らす親の話をタブーにするケースが多いって感じる。経験した子どもに聞いてみても「お父さんの話をしようとするとお母さんが怒るから聞けない」「話をしちゃいけないオーラがあるから話せない」なんて言う。

でもタブーにすればするほど子どもは悩みを抱えやすくなるし、何よりも一緒に住む親との信頼関係に不安を覚えることになる。それが積もると急に爆発したり「お母さんなんて私の気持ち何もわかってない」って、気持ちが卑屈になっていくこともある。

離婚をした相手の話はしたくないし、思い出したくない気持ちもわかる。終わった話はしないほうがいいんじゃないかって配慮で言わないのもわかる。でも離れて暮らす親の話ができない雰囲気になっちゃったら、子どもは誰に話せばいいの？　親への気持ちは封印しなきゃいけないの？　良い感情も悪い感情も何かしら話したいことがあるし、聞きたいことがあるもんだよ。

子どもは親同士が何かしらの事情で離婚に至ったことを理解しているから、自分から離れて暮らす親の話はなかなか切り出せない。だから親から普通に話してくれるのを待ってるの。親のほうから話してくれれば「あっ、話してもいいんだな」って思って、そのうちなんでも話せるようになるけど、親がタブーにしていると、まるで「忘れなさい」「なかったことにしなさい」って言われているようで、プレッシャーになっちゃう。

子どもも離婚で傷ついているとか、子どもはまだ小さいからという理由で、話をタブーにするほうがよいと思っている大人は多いけど、私から言わせると逆効果。

離婚をした後も離れて暮らす親の話や祖父母の話、子どもが何を考えているのか、不安はないのかなどを、なんでもオープンに話し合っている親子関係のほうが、子どもたちはケロッとしている。五歳でも六歳でも、その歳なりの意見や気持ちを持っているから、親が聞いてくれたらなんでも素直に話せる。この、なんでも話せる親子関係を築くことが、子どもが親の離婚を乗り越え、受け入れていくのに大切なんです。

大事なのは親がタブーをつくらないこと！　初めは親から積極的に話を振ってあげること！　親だけでなく祖父母や親戚にもタブーな空気をつくらせない。そうすれば子どもは安心してなんでも話してくれると思うの。

14 母と娘の関係には「無意識のライバル意識」がある

母と娘の関係って一歩間違えると地雷を踏んじゃうなって思う。ある日、母と娘の微妙な関係が描かれた実話の小説を読んだのがきっかけで、私の母と祖母の関係を観察してみたんだよね。姉妹のように仲良しな母娘もいれば、あまり話さない母娘もいる。その違いはどこから発生するんだろうって疑問に思ったの。

私の母とばあちゃんはごく普通の親子。仲が悪いわけじゃないけど、特別仲良し親子って感じでもない。そんな二人を観察して、いくつか気づいたことがある。

ばあちゃんは母に褒め言葉をあまり言わない。口を開けば「ちょっと最近、太ったんじゃないの?」とか「仕事はうまくいってんの?」とか小言がほとんどだ。きっとそれがばあちゃん流の愛情表現なんだろうけど、言われた母はどうかというと、イラついた様子で「そんなことないから」とか「大丈夫だから」とか端的にしか返答しない。

よく考えてみれば、ばあちゃんは私にも小言を言う。でもそれが嫌だとかイライラしたりしないのが不思議だ。私は孫だからか、その会話を楽しめる。構ってもらえるのが私には嬉しいのかもしれない。ばあちゃんに「また洋服買ってきたの？　コートいっぱい持ってるじゃない」って言われても「え～でもさぁ、一目惚れしちゃったんだもん～。可愛いでしょ？　これ、明日菜に似合う？」という具合に。そうするとばあちゃんも「うん似合うね」って言ってくれるから満足する。

もしそれが孫と祖母じゃなく親子だったら、そうはいかないと思う。母は小言は全然言わないけど、その代わり褒めるのも下手だ。最近は洋服とかネイルをたまに褒めてくれるけど、かなりサラッとだ。だからってばあちゃんみたいに「ねぇ、ねぇ、似合うでしょ？」なんて絡みをする気にはなれない。それが母とばあちゃんへの違い。むっとして終わる。

母親は口うるさく言うばかりじゃなくて、もっと娘を褒めればいいのにって思う。母と娘の関係って微妙なんだよ。娘が心配だから言っている母の小言も、娘には悪口にしか聞こえなかったりね。だから女友だちみたいに、相手の服や髪、おしゃれを褒め合いながら、いろんな話をしてコミュニケーションを取ればいいじゃない。

母と娘は無意識のライバル意識もあるから、地雷には要注意。

15

別居親と会うのは、子どもに判断させて自分の目で見て感じて、離婚を受け入れられる

幼少期に両親が離婚した子の場合、物心がつくと、離れて暮らす親がどういう人物なのか知りたい気持ちが沸き起こることがある。自分のルーツを知りたい時期がくるの。交流がない子の場合は、一緒に住む親からしか情報を得られないから、親が隠さずに「あなたのお父さん（お母さん）はこんな人だったよ」と教えてあげるしかない。一方、交流がある子の同居の親御さんから、こんな悩みを相談されることがよくある。

「子どもと別居親を交流させていることが、子どもにとっていいことなのかわかりません。本当は交流させたくないと思ってしまうこともあります」

こういう悩みを抱えるのはなぜかというと、別居親が子どもに会うたびに、同居親の悪口を吹き込んだり、離婚は同居親のせいだと子どもに言ったりするから。または、子どもと会う約束を平気ですっぽかしたり、泊まりで会いに来ている子どもを、家に置いて飲みに行ってしまったりなど、信じられない行動をする別居親がいるから。

「子どもは会いたいと言うし私も会わせたいんですが、別居親が消極的で無理やり会ってもらっているんです。そんな状態で本当に子どもにとっていいんでしょうか」とかね。

そういう時、私は「親に会うか会わないかは、子ども自身で判断させてください」と言っている。同居親の悪口を吹き込んだり無責任な行動をとるのは許せないし、子どもはかわいそうだけど、子どもにはどうしようもない。それなら、自分の親がどういう人間なのかを自分で判断する必要がある。そうじゃないと未練が残る。判断できない年齢なら判断できるようになるまで待ってあげるのが親の役目。親が「あんな親は子どもに悪影響だから交流させない」と決めて、子どもの意思決定のチャンスを奪う権利はない。

子どもは自分の目で見て、自分で感じて、自分で判断して初めて、自分の親の離婚を受け入れていける。別居親が同居親の悪口を吹き込んでも、約束をすっぽかしても「それがこの人の人格なんだからしょうがない」って判断できるときが必ずくる。

子どもは親が思う以上に親のことを観察しているものです。だからどんなに無責任な別居親でも、子どもに身の危険が及ぶ場合は例外として、子ども自身に判断するチャンスを与え続けて欲しいなって思う。同居親にとっては試練かもしれないけど、それが結果的に親子の信頼関係につながるから。

16 私がグレなかったのは子どもらしく振る舞える場所があったから

「明日菜さんは、どうしてグレなかったの?」。今まで何十回となく聞かれた質問。そのたびに私は「私にはばあちゃんとじいちゃんがいたから」そう答えてる。母の両親である祖父母二人には、すごくお世話になった。というか、それは今も進行中。

私にとって〝ばあちゃんち〟は子どもらしく振舞える唯一の場所。家には新しい家族がいて、気を使いながら生活しなきゃいけない。学校という社会に出れば、それなりに自分を演じなきゃいけないし、周りの大人は「明日菜ちゃん偉いねぇ。お母さんの代わりに弟の面倒を見てしっかりしてるねぇ」なんて言うもんだから、その声に応えようとしてしっかりした子どもを演じる。そうすると子どもらしく振舞える場所をどんどん失っていって、気づいたら大人びた子どもになっていた。

離婚家庭の子どもって、しっかりした子が多いと思う。それは親を見て自分がしっかりしなきゃって思うのはもちろんだけど、そうせざるを得ない状況になるんだよね。子どもらしく振舞える場所がなくなるから。

私にとってばあちゃんちは、子どもらしく振舞っていい、唯一の場所だった。家にいたら自分でやらなきゃいけないことが、ここでは全部やってもらえる。私の好きなご飯を作って待っていてくれる。お風呂も沸かしてあって、お布団も敷いてある。ちょっとわがまま言っても許される。高校生になっても、大人になった今も変わらない。いつでも私を受け入れてくれる場所。

子どもらしく振舞えたのは、二人が私を子ども扱いしてくれたからだ。しっかりすること、勉強を強要したりもせず、ただ〝かわいい孫〟として接してくれた。

ここでもし「お母さんを支えてね」とか「明日菜がしっかりしないと」って言われていたら、子どもらしく振舞えなかったと思う。しっかりしなくてもいい場所、いつまでも子どもでいていい場所がばあちゃんちだもん。

ばあちゃんは「孫はお小遣いが貰えるから来るんだよ。もしじいばあにお金がなかったら孫だって寄りつかないよ」と言うけど、私はそうじゃない。私が子どもらしくいていい場所。これからも私は二人が生きてる限り、ばあちゃんちに通い続けるもん。

子どもには、子どもらしくいられる場所をつくってあげて。

17
「お母さんを守ってね」は子どもが弱音を吐けなくなる言葉

「お母さんを守ってね」。母子家庭の母と息子の間にありがちなセリフ。私はこの言葉を〝子どもが弱音を吐けなくなる言葉〟と呼んでる。

母子家庭に限らないかもしれない。男女平等な世の中の実現！　なんて言っても、やっぱり「男は女を守るもの」って考え方が強いでしょ。どういうわけかそれが親子関係にも適用されてしまう場合がある。特に母子家庭の母と息子は要注意。「僕がお母さんを守らなきゃ！」と、子どもが頑張りすぎちゃうの。

なんで子どもが頑張りすぎちゃうかって？　お母さん自身が息子に「お母さんを守ってね」と言ってる場合もある。深い意味はなくて「男の子として強くなってほしい」と無意識に発言しているだけじゃないかな。それから周りの大人が「男の子なんだから、君がお母さんを守ってあげるんだよ」と言う場合もある。これも同じでなんとなく言ってしまうだけなんだよね。

これはすぐにやめてほしい。こう言われて真に受けた子どもは「そうか！　僕がお母さんを守らなきゃいけないんだ！」と頑張りすぎて、弱音が吐けない子になってしまう。

親子はいつだって子どもを守るものでしょ？　子どもが何歳になっても、それは変わらない。子にとって親は、守ってくれる人として安心できる存在でいてほしい。逆転して、子どもがお母さんを守ろうとしたら、子どもは子どもらしくいられなくなる。

言葉にして言わなくとも、ひとり親家庭の子どもは、自分がしっかりしなきゃって思うんです。なのに「男は女を守るもの」っていう責任までのしかかると〝お母さんという名の女を守る、息子という名の男〟になっちゃうの。それはやっぱり辛いよ。黙っていても成長して、おとなになれば、男としてお母さんを守ってくれるようになるよ。だから頑張りすぎて弱音を吐けない息子にはしないでほしいな。

ひとり親家庭の子どもは、お母さんが大変なのは常日頃から十分わかってる。家の経済状態だってわかってる。自分がしっかりしなくちゃ、自分が支えになれるのならがんばろうって思ってるのよ。

親だって、大変な顔を見せるときもあるのは仕方ない。でも、ここぞというとき、親として子どもを守る最低限の姿勢は、忘れないでほしいなって思う。

18 離れて暮らす親に会う――「面会交流」もし子どもがお父さんに会うのを嫌がったら

離婚後に、離れて暮らす親と子どもが会うことを「面会交流」といいます。親子なのに面会って言葉もよそよそしいけど、まぁそういう名前らしい。

私たちの活動は、面会交流を仲介してサポートする事業もやっているんだけど、よく受ける相談が、子ども自身が「お父さんに会いたくない」と主張している場合、どうしたらいいんでしょうか、という内容のもの。

私は「会いたくない」と言ってるその子の思いを尊重したいし、ムリヤリ会わせても子どものためにならないと思っている。その子にとって面会を苦痛な時間にはしたくない。それを前提とした上で、私がお母さんならこうしますと伝える。

まずは「なんで会いたくないの？」って子どもにストレートに聞いてみる。そしてその子の気持ちを理解し共感するように努める。否定しない。その上で「嫌なのは仕方ないよね。いろいろあったんだもんね。本当に苦痛なら会わなくていいよ。でもお母さんはちょっと羨ましいな」って言う。子どもに「なんで?」って聞かれたら、「だって子どもに興味がなかったり、会いたいなんて一度も言ってこないお父さんもいっぱいいるんだよ。まぁそれでも会いたくない子もいるけどね」って言うの。最後の一言が重要ね。

それで「お父さんが会いたいって言ってくるってことは、○○ちゃんのこと好きってことじゃない。愛されてるんだよ。忘れられてないってことだと思うよ」と言う。それでも「そんなのいらない。会いたくない」と言うかもしれないし、もっと別の嫌な理由を言うかもしれない。そうしたら「そっか。お父さんに愛されるのも迷惑で顔も見たくない、二度と会いたくないっていうなら、その気持ちをお父さんに伝えるね」。

あとは様子を見ながら、親がきっかけを与え続けてあげることが大事。何年、何十年とかかって気持ちが変わるかもしれないから。

「今は会いたくなくてもいいよ。ただ死んだら会えないし、離婚したら子どものこと、どうでもよくなる親も多いんだよ。もし○○ちゃんがお父さんと縁を切りたい、一生会いたくないって思わなくなったら一度会ってみない?　嫌ならいつでも辞めれるんだしさ」

お父さんが自分に会いたいっていうことは、お父さんがどういう気持ちなのか、自分のことをどう思っているのかを子どもに考えてもらうようにする。

子どもにとって何が大事なのかって、お父さんという親に愛されていることを感じること。会ってみて、結果的にやっぱり会いたくないとなってもいいのよ。

その子の人生において、お父さんが自分を気にかけてる。それを一度でも感じられることに大きな意味があるでしょ？

19 子どもにとって異性の大人のふれあいは必要 ――外部の力をかりながら――

子どもにとって両親どちらも揃っている家庭の良い面は、異性の親が家にいることだと思う。母子家庭で子どもが娘の場合や、父子家庭で子どもが息子の場合は異性の親が家の中にいない。つまり女子高や男子校と同じように同性だけの生活空間になる。

そこで耳にするのは「娘と二人だけだと、女同士の喧嘩がエスカレートしちゃうんです」「男同士だと言葉でコミュニケーションを取るのがおたがい下手で」って声。

子どものほうからも「ずっと母と女二人の生活だったので、男性に抵抗感があるんです」「母と自分の性格は似ているから二人でいるとイライラしちゃいます」「お父さんだけだと、怒られたときに逃げ場になる存在がいないから嫌だ」なんて声を聞く。

親子の性別が異なる場合、兄弟が男女両方いる場合や、祖父母と同居の場合は、異性が家の中にいるから少しはバランスが取れるけれど、親子が同性で一人っ子の場合は、家庭生活で異性と触れ合う機会がないので、それがマイナスに働くこともある。特に子どもの思春期や反抗期に多いかもしれない。同性同士の喧嘩のギスギスした空気や、逆におたがいをわかりすぎて、親密な空気がときには息苦しくなったり。

だから私は家庭の中に異性の風が必要だと思う。毎日じゃなくたまにでいい。親の兄弟でも祖父母でも近所のおじさんおばさんでも。何もしてくれなくても家の中に異性がいるだけで風通しがいいと思う。子どもにとって異性の大人との触れ合いは必要。親にとっても異性の大人の存在が、自分にはできない子との触れ合いや会話を補ってくれるので、少し肩の力を抜くことができるんじゃないかな。

母子家庭の母親から「自分が母親役も父親役も両方しなきゃって思うんですが、接し方に悩みます。お母さん役もお父さん役も担うのは難しいですね」と相談を受けると、「外部の力を借りられるなら、そうしてみたらどうですか」とアドバイスする。私たちが派遣している母子家庭サポートプログラム（Chapter3参照）も、女の子だから女の先生、男の子だから男の先生じゃなく、異性の風を家庭に届けるように、あえて性別を変えたりにしていたりもする。

母子家庭には男性の力を、父子家庭には女性の力を借りて、活用してみては?

20 新しいお父さん!! ボディタッチに気をつけて子どもの性やプライベートって大事です

新しい親が子どもと異性の場合、とくに子どもが女の子のときは、継親はボディタッチや性に関わることに十分配慮してほしい。

思春期になると、女の子はお父さんを毛嫌いするようになるよね。お父さんの下着などと一緒に洗濯されるだけで嫌とか、触らないでほしいとか、一緒の空間にいるのも嫌とかね。実のお父さんでもそうなのに、継親だったらなおさらでしょ。私も、継父に触らないでほしいって何度も思った。相手はコミュニケーションのつもりで軽く肩を叩いてるだけなのに、全身にゾワッって鳥肌が立つみたいな（笑）。お年頃になると特に嫌。でも継親の場合、お年頃じゃなくても抵抗がある子もいる。私が話を聞いた再婚家庭の中学生の女の子も「とりあえず、パパ（継父）とは半径二メートル以上は距離をとりたい」なんて言ってた。

そういった嫌悪感は月日とともに慣れるのか、それともずっと続くのかはわからないけど、むやみにボディタッチをするのはやめたほうがいい。自分がコミュニケーションと思っていても子どものほうは抵抗があるかもしれないから、そんなささいなことでギクシャクするのはもったいない。もちろん、子どもが小さい場合や子どものほうから継親に触れ合いを求めてくる場合は、肩を叩こうが肩車しようが一緒にお風呂に入ろうが問題ない。

それから性に関わる注意事項は、例えば継父は、女の子の下着に絶対触らないとか、着替えるときはお互い配慮するとか、生理の話などにふれないとかね。一緒に住んでると洗濯物を畳んで子どもに手渡すなんて場面もあると思うけど、特に下着には注意して！　女の子の洗濯物はお母さんが渡してね。

「まだ生理こないのか」とか「胸が出てきたな」なんて発言をしちゃった日には、セクハラで訴えられるかもしれないよ（笑）。そんなこと実の父から言われても嫌なんだから、継父はなおさら。性に関わることは敏感すぎるくらいに配慮してあげて。

21 父子家庭の再婚 大事なのは、お父さんの自立です

ある父子家庭のお父さんがこんなふうに言った。

「子どものお母さんをつくる目的で再婚しようって考えるお父さんは多い。自分もそう思っていたから失敗したし、相手に負担をかけてしまったなと、今になって思ってるんです」

私はその言葉に大きくうなずいた。

そのお父さんは子連れで初婚の女性と再婚したものの、うまくいかずに離婚した経験がある。小さい息子さんを男手ひとつで育てながら、当たり前のように「この子にお母さんをつくってあげるために、再婚しよう」と思ったっていうんだよね。それがそもそもの間違いなんだけど、一般的にはそう考えちゃう大人が多いと思う。自分だけじゃなく祖父母や親戚、友だちも、早く再婚して子どもに新しいお母さんをつくってあげなさいよ！ なんて助言してくることは珍しくないし、世間の考えもそうだよね。

もちろん再婚したパートナーが、進んでお母さん役を担うこともあると思う。子どものほうも喜んで新しいパートナーにお母さん役を求めるかもしれない。それでも目的を勘違いしちゃいけない。再婚は男女の問題でしょ。男女が好き同士だから結婚するんでしょ？　初婚の結婚もそうだけど、女性と結婚するのは家政婦を雇うのと違うんだから。

まず夫婦のかたい絆があってこそ。最初から目的を勘違いしていると、いざ再婚したときにすべての負担がパートナーにいき、家事も子育ても重荷になって、パートナーが耐えられなくなって、結局また離婚なんてことにもなりかねない。

父子家庭のお父さんと再婚した女性に話を聞いてみると「私は子どものお母さんになるために再婚したんじゃないのに」とか「私にばかり子どもの負担をおしつけてくる」「こんな結婚生活になるなら結婚しなかった」とストレスを溜めている人がとても多い。女性は家事や子どもと過ごす時間が長くなるので、ストレスは倍増だよね。

再婚は新しいお母さんをつくるためにするんじゃない。おたがいがよきパートナーになるためにするの。ほどよい女性と再婚して、家事も育児もやってもらおうなんて思うから家族関係に無理が出てくる。再婚をするなら、何よりもお父さんの自立が大事ってことを理解してほしいな。

22

早く独り立ちさせたいと思う場合、しっかりとその理由を伝えてほしい

高校、大学を卒業したら家を出て独り立ちさせたい。そう思っている親は多いと思う。一人息子を育てる母子家庭のお母さんも言っていた。「パラサイトシングルにはなって欲しくないから、意地でも息子は家から出すわよ！」と。そうだよね。私もその考えには大きくうなずける。ただ、言い方には気をつけないと思わぬ誤解を招く危険がある。

私は高校一年生のときから、「高校卒業したら家を出て行け」って母にずっと言われてきた。大抵は喧嘩をしたときに「お前なんてとっとと出て行け！」なんて具合に言われるのね。そう言われて私も「こっちだってこんな家うんざり！　言われなくても出て行くわ！」と言い放っていたんだけど、内心はすごく悲しかった。

出て行けって言われるたびに、「母は私のことが邪魔なんだ、だから出て行かせたがってるんだ。うちは再婚したし、私がいないほうが家族も喜ぶもんね」と悲観的になって

いった。

「うちの親、高校卒業したら家を出て行けって言うんだ」って友だちに話すと「へぇ〜いいじゃん。うちの親なんて逆だよ。出て行くなんて言ったら許してもらえないよ……特にお父さんね」なんて言葉が返ってきて「いいよね。娘が心配だから手放したくない！結婚するまで家にいろって思ってくれるお父さんがいてさ」って嫉妬した。私にもそんなお父さんがいたら邪魔者扱いされないのにって。

今となっては母が私を家から出したかった理由が理解できる。母自身もそうだったように、子どもの自立のために高校を卒業したら独り立ちをさせる。そういう教育方針。

二十五歳になった私は、十八歳で独り立ちをさせてもらえたことは、本当に良かったと思っている。しかし、思春期の子どもに感情的に伝えるのは良くない！伝えるなら、感情的になっていないときに、理由とともに優しく伝えてほしい。「あなたに一人前になって欲しいからだよ。可愛い子には旅をさせろと言うでしょ？」という具合にね。

再婚家庭の場合、継親に言われるとよけいに誤解を招くので、できればそれも避けてほしい。「私が本当の子どもじゃないから出て行かせたいんだ。私のこと嫌いなんだ。邪魔なんだ」なんて考えにもなりかねない。

ひとり親家庭だと「うちは貧乏だから追い出したいんだ」「子どもの面倒が大変で嫌気がさしたんだ」「恋人と同棲したいから邪魔なんだ」なんて勝手に思い込むかも。

感情的にならずに「あなたのために私はこう考えるから言っているんだよ」という伝え方をするのが大事。子どもがきらいで追い出したいから言うなんて親、いないでしょ？

子どもに変な勘違いをさせて、親子の仲が崩れないようにね。

初婚家族と再婚家族の違い 家族の関係は、時間をかけて築くもの

23

現在三度目の再婚生活を継続中の母が、今になって口にするのが「もっと早くに再婚について勉強していれば、初めての再婚はうまくいってただろうな」って言葉。その言葉に思わず「ほんとだよ！　おかげで私はたくさん我慢したんだからね！」と恨みをこめて言い放っている（笑）。あの頃の母は、再婚に幸せな期待しか抱いていなかった。再婚をして一緒に暮らせば、初婚家族と同じような家族になれると信じていた。その期待と間違った認識が私を苦しめたし、私だけじゃなく継父も苦しめた。

五年近く家族として暮らしたけど、私は継父をお父さんと思えず、継父も「やっぱり俺は明日菜の父親にはなれない」と言って家を出て行った。初婚家族のような親子関係を目指して頑張った結果、家族は苦しんで継続不可能になった。再婚家庭の家族構築は初婚家族とはだいぶ違う。

「初婚家族には見られない再婚家庭の特徴」

1　再婚家庭は、多くの喪失や変化の後にはじまっている
2　家族をつくるにあたって、それぞれの立場、事情、過去の経験が異なる
3　親も子も以前の生活のルールを無意識に持ち込む
4　親子の関係が、新しいカップルの関係より前にできている
5　子どものもうひとりの実親が、現実に、または記憶の世界のどこかに生きている
6　子どもは二つの家庭を行き来することがある
7　継親と子どものあいだには法的な関係がない場合がある

再婚家族と初婚家族は違う。そう考えたとき、どうして自分が親の再婚であんなに苦しんだのかがわかって、心がスーッとして救われた気がした。

多くの喪失や変化を感じるのは離婚や引っ越し。私の場合はお父さんや以前の生活を失ったという喪失感があった。それから親も子も以前の生活ルールを無意識に持ち込むっていうのも大きいよね。おたがい子連れの場合は、食事のルール、寝る時間など、ルールは家庭によって違うから、一緒に生活をすると、その違いがトラブルのもとになったりする。親子の関係が新しいカップルの関係より前にできているのも大きい。ずっとひ

とり親家庭だった場合、子どもは実の親を独占して生活してきたから、親のパートナーに実親を取られたような喪失感を感じることもある。

私も継父との関係より、母との関係のほうが親密だったから、私の継父と母への態度には大きな差が生じた。母にはわがままを言えたし喧嘩もできたけど、継父には話す言葉も選んだし、わがままも言えなくて、どこかよそよそしいままだった。継父もそれを感じて「俺はいつも家族の中で孤独だ」と漏らしていたらしい。血の繋がりがないだけでなく、疎外感を感じていたんだと思う。

だからね、再婚家族が初婚家族を目指そうとすると無理が出てくるってこと。

再婚家族として家族がうまくやっていくためにには、初婚家族のような考え方を捨てることが大事。それから、再婚家族に起こりやすいトラブルを事前に調べて、いざトラブルが起こっても「これはごく当たり前のこと」として受け止められる心の準備が必要なの。安定した家族関係を築くには多くの時間が必要なことを忘れないでほしい。

生活が変わること、新しい家族が増えることは子どもにとって大きな大きな変化。そんなに急に受け入れられない。何年も時間をかけて、ようやく子どもも親も、信頼関係を築いていけるんだから。

24

呼び方だって自由でいい
新しい親との関係を親子にこだわらない

新しい親と子どもの関係を、これまでの〝親子〟にこだわらない、限定しないことが大事。そのひとつの例として継親をどう呼ぶか、がある。

私は今の母の再婚相手のことを「お父さん」とも「パパ」とも呼ばずに、あだ名で呼んでいる。それは母が再婚した十七歳のときからずっと。高校二年生の弟も継父を同じようにあだ名で呼んでいる。その背景には、母も継父も私たちもおたがいを親子だと思っていないし、思う必要がないから。

私たち兄弟にとって継父はお父さんではない。お父さんではないけどお兄さんでもなくて、ときには良い友だちみたいな、そんなあいまいな感じ。継父にとっても私たちは子どもではない。でも家族に変わりはない。そういう関係をおたがい理解していて、呼び方も自由。それは母が三度の再婚で学んできた結果でもある。その甲斐あって、今の家族はストレスも少なく、継続している。

でも以前は、「パパって呼ばなくちゃいけない」と無理に呼んでいた。新しいお父さんと思わなきゃいけないことが私の負担になっていた。

再婚家庭で継親のことをあだ名で呼んでる子どもは少なくない。子どもたちに聞いてみると「○○くんって呼んでるよ〜。私のお父さんじゃないし」なんて答えが返ってきたりする。その方が抵抗なく仲良くなれるし、親子にならなきゃというプレッシャーを感じなくていいんだよね。だから親は呼び方を強制しないで欲しいと思う。

でも残念なことに世間の理解はまだまだ。やっぱり再婚したら〝新しいお父さん〟〝新しいお母さん〟に自動的にされちゃうの。二十五歳になった今でも「母は再婚しているんです」って言うと「明日菜ちゃんも新しいお父さんと一緒に住んでるの?」なんて言われたりする。そのたびにムッとしちゃう。母の再婚相手がどうして自動的に私の新しいお父さんになるんだろう?って。「いいえ、新しいお父さんじゃなくて母の新しい旦那です」って言い直してやろうかと思うんだけど、さすがに大人だから我慢する(笑)。

家族の呼び方や位置づけは、もっと自由でいいと思う。あだ名で呼びたければそうすればいいし、逆に子どもがお父さん、お母さんって呼びたがったらそうすればいい。それぞれの家族に合った、それぞれの関係を築いていけばいい。

25 子どものがんばりを認めてあげていますか？ 慰めではなくがんばりを認めて共感して

子どものがんばりを認めて褒めてあげていますか？　どんな子でも、子どもは自分のがんばりを誰よりも親に認めてほしいの。

例えば再婚家庭で、子どもが継親に対する不満やマイナスな発言をした場合、「僕はあの人のこと好きになれない」とか「どうせ血の繋がった親子じゃないし」とか「あの人のああいうところが嫌だ」とか。すると実親は必死にそれを訂正する。

「でもさ、お父さん（お母さん）はあなたのこと大事に思っているよ」

「新しいお父さん（お母さん）だって君のためと思って頑張ってるんだよ」

「あなたのこと、血の繋がった子どものように思ってるよ」

という具合に。うちの母もそのひとりだった。私が継父へのストレスを口にすると、

「あの人は、父親になろうとすごく頑張ってたじゃん！　いろんなところに遊びにも連れていってくれたでしょ？　あんたが忘れてるだけで悪い思い出ばかりじゃないで

しょ」

と言ってくる。

親は必死で慰めているつもりなんだろうけど、そういうことを言って欲しいんじゃないのよ。私の気持ちをわかって欲しいの。不満に耐えながら一緒に生活していた私のがんばりを認めて褒めて欲しいの。そうしたらもう少し頑張れるかもしれない。実親は子どもの発言を訂正して慰めるんじゃなくて、共感して頑張りを認めて、褒めてあげて。

「そうだよね。そう思う気持ちはわかるよ。君が我慢してることもあるもんね」

「そうだね。親子じゃないから関係を築くのは難しいよね。努力してくれてるんだよね」と。変な慰められ方は「継親は頑張ってるんだから、なつきなさい。感謝しなさい。仲良くしなさい」って言われてるみたいでプレッシャーになるし、どうせ自分の気持ちなんてわかってくれないと塞ぎこむことになるかもしれない。

子どもが求めているのは、がんばりを認めて共感して褒めてくれること。離婚、再婚に限った話ではなく、子どもとの会話には心がけてほしいなと思う。

26 再婚親の恋愛、お年頃の子どもの敏感な気持ちに配慮して！

四歳、七歳、十五歳、十七歳のときに母の再婚と恋愛を見てきた私。七歳のときまでは感じなかったのに、あるときを境に私に芽生えた感情がある。

それは〝母の女の部分を見るのがすごく嫌〟というもの。自分の母親が女として恋愛をしているなんて気持ち悪いと思うようになったの。

ほら、中学生くらいになって、どうやって自分が生まれてきたのかを理解したとき、自分の親が男と女の関係だったってことを一瞬想像して、三秒で「想像したくない！気持ち悪っ！」と思わなかった？　お年頃になるとそういう感情が敏感になると思う。

私が七歳から十五歳まで一緒に暮らしていた母とヒロトくんは、子どもの前であからさまにベタベタすることはなかったけど、あるとき偶然二人が顔を密着させてドアップで写っている写真を見つけちゃって「うげっ！　こんなの見たくない！」とすごく嫌な気持ちになったのを覚えている。

もともと生まれたときから両親がラブラブで、それが当たり前なら問題はない。でも再婚の場合はそうはいかない。再婚した時点で母の女の部分を見せつけられているのに、さらにリアルな部分なんて見たくない。もちろん、敏感な年齢が過ぎて親も男と女であることを理解して、受け入れられるようになればなんとも思わなくなるし、むしろ親が恋愛して若々しくいることを喜ぶ子も少なくない。

問題はお年頃の子どもがいる場合の恋愛や再婚だ。お年頃の子がいる親は、恋愛や再婚するなってことじゃなくて、子どもの前では男女としての部分をなるべく出さないようにしてほしいってこと。ラブラブしたいときは二人きりの時間にするとか、証拠品は隠しておくとかね。夜のいろいろなんて見てしまった日には、立ち直れないかもしれないもん（笑）。

お年頃の子どもの敏感な気持ちに配慮して！

27 実親が子どもの味方であってほしい「あなたがいちばん」その言葉に安心する

親に恋人ができたり再婚をすることを、喜ぶ子もいれば抵抗がある子もいる。

「親に恋人がいるってわかったとき、どう思った？」って再婚家庭の子どもに聞いてみると「ふーん。どんな人なんだろうって思った」とか「別になんとも思わなかった」とか、反応はいろいろ。

再婚に抵抗がない子の場合、再婚するまではスムーズに進むと思うんだけど、親の再婚に否定的な子も肯定的な子も、共通して言えるのは、自分の存在が親にとっていちばんであって欲しい気持ちなんだよね。親が自分をいちばんに大事に思っているからこそ、親の恋愛や再婚も応援できる。その大前提がないと難しい。

私と同い年の女性からこんな話を聞いた。彼女は小さい頃から母子家庭でひとりっ子だったこともあり、お母さんととても仲が良かったらしい。十歳のときにお母さんから、付き合ってる彼氏を紹介されて、一緒に遊んでもらったりと、彼氏の存在には全然抵抗もなかった。

ある日お母さんに「私と彼氏どっちが好き?」って質問したら「それは別の感情だよ」って言われたことがすごくショックで、それから彼氏の存在が不安になったんだって。自分がある程度大人になった今は、お母さんの言葉の意味が理解できるけれど、やっぱりあのとき「あなたがいちばん好きだよ」って聞きたかったって言ってた。


私の場合、私は継父に、継父は私に対してストレスを溜めていて、両者の不満のはけ口は母に向かうことが多かった。そうすると母はいつも「私に言ってこないで!　私はどっちの味方でもない!」と言うだけだった。

そう言われるたびに、私は裏切られたような気持ちになって、ついには母をきらいになっていった。だって私は、母には私の味方でいて欲しかったのに、母は「なんで私ばっかり二人の板挟みになるのよ!　いい加減にして!」って態度。この人に何を言っても、私の気持ちはわかってもらえないと思って諦めた。きっと継父も同じだったと思う。

大事なのは、板挟みになる実親がどっちの不満にも、辛抱強く耳を傾けてなだめることなの。〝どちらの味方でもない〟なんて言葉はもってのほか。実親が両者に向き合って努力することがカギ。

子どもは親にとっていつでも自分がいちばんでいたい。特に親が再婚をした場合、自分が二番目になるんじゃないかとこわくて不安になったりもする。

だからいつでも「あなたがいちばん」って態度で示してほしい。実親がいつでも自分の味方でいてくれるって安心感があるから、トラブルやストレスも乗り越えていけるの。実親がどちらの味方でもないとか、継親の味方だよなんて態度をとったら、子どもは一人ぼっちで放り出されたのと同じ気持ちになっちゃう。

子どもの前では「あなたがいちばん大切よ」って言えばいいし、パートナーの前では「あなたが大好きよ。頑張ってくれてありがとう」って言えばいいんだから。実親が子どものいちばんの味方であることが親子関係円満のカギ！

28

子どものお金は実親が管理しておこづかいのストレスは回避したい

継父にしつけをされることがストレスだということに加えて、もうひとつ私のストレスになってたのは、お小遣いを継父に貰わなきゃいけなかったこと。

四歳の再婚生活のとき、自分の家が貧乏だと思ったことは一度もなかった。一人目の継父は、当時ノリに乗っていた音楽プロデューサーの事務所に勤めていたから、生活はそれなりだったんだと思う。クラシックバレエもエレクトーンも習っていたし、旅行にも行った。洋服もおもちゃも不自由なく買ってもらえたし、美容院は恵比寿だった。でも結局は継父の借金癖が発覚して離婚した。

二人目のヒロトくん（当時二十代後半の独身男）との同棲生活が始まって、生活が一変した。ヒロトくんは自営業、母も会社勤めをやめて会社を立ち上げたばっかりだったから、その頃は貧乏だったんだと思う。二人はいつも仕事の話を深刻な顔でしていて「なんか大変そう。いつも仕事の話ばっか。うちお金ないいんだね」と子ども心に思っていた。

ガスが止まって銭湯に行ったこともあったし、学校から「引き落としできません」ってことで、支払い袋を渡されて持ち帰ることもしばしば。中学に上がると「うちは貧乏だから絶対に高校は公立にしてね。私立は無理」と言われてきた。

とはいえ私の中で貧乏は大きな問題ではなかった。私には幸い余裕のある祖父母がいたから、月に三度は通って洋服や文房具など、必要なものはほとんど祖父母に買ってもらった。それは恵まれていたと思う。

でもどうしてもどうしても嫌だったのが、ヒロトくんにお小遣いをもらわなきゃいけないとき。中学生の私のお小遣いは、月に三千円くらい。それを毎月一日に、母ではなくヒロトくんに自分で申告して貰わなきゃいけなかった。それがストレスの種だった。「今月のお小遣いちょうだい」って私が言うと、ヒロトくんは不機嫌になる。お金は欲しいけど…言いたくないし…あぁ…いつ言おう…などと考えて、ヒロトくんの機嫌をうかがったり、どうにかこびなくちゃと思って気疲れしていた。

だから私は一刻も早く高校生になってバイトをして、稼いだお金で、毎月のお小遣いストレスから解放される生活を手に入れたいと願うようになった。どうしてお金のために大人にこびなきゃいけないんだろう、っていつも思いながら。

でも今考えると、このお小遣いストレスは回避できたはず。お小遣いや子どもの養育費に関わることは、基本的に実親がやればいいと思う。実親にならサラッと言えることも継親には言えないもん。ましてお金のことなんてなおさら。

ある再婚家庭の中学生の女の子も、当時の私と同じお金のストレスを抱えていた。継父がお金の権限を握ってるから、家でいつもこびを売らなきゃいけないんだって。

例えば継父がケーキを買って帰ってくると、自分は食べたい気分じゃなくても無理に食べて「美味しいよありがとう」って言わなきゃいけない。お母さんも「あんたがなついた様子を見せないと、学費だって出してもらえないんだから、いい態度をしなさいよ」って言う。その子は言ってた。「しょせん、お金がすべてで、お金が稼げない私は、こびを売るしかないんだよね」と。

子どもがそんなストレスを抱える必要ないと思う。子どものお金は実親が管理して、子どものお金ストレスを回避してあげてくださいね。

29 新しい親が欲しい子ども再婚は子どものためより自分のためにするもの

親の再婚は、私のように否定的な感情を抱く子どもばかりじゃない。親に恋人ができる前から新しいお父さん、新しいお母さんが欲しいと熱望する子もいる。それは物心つく前に親が離婚をして、離れて暮らす実親と交流がない子どもや、実親に良いイメージがない子どもに多いようだ。

友だちのお父さんとお母さんを見て羨ましく思ったり、漫画やテレビの家族像を見て「自分にもあんなお父さん、お母さんが欲しいなぁ」と思う。幼少期や小学生の頃は、学校行事とか休日を過ごしているときに、寂しさや物足りなさを感じたりする。子どもがある程度の年齢になった場合、自分の親がこのまま独り身で年老いていくのは心配だ、自分の人生を楽しんで生きてほしいと思って、親の再婚を後押しする子どもも多い。

子どもが独立していれば大人として家族づき合いができるので、特に心配することはないけれど、子どもが未成年で再婚する場合、気をつけてほしいことがある。

子どもが新しいお父さん、お母さんを熱望して再婚に積極的だからといって、「子どもがこんなに望んでいるんだから何も問題ない！　うちは大丈夫！」と単純に考えないでほしいの。というのは、子どもが過度な期待を抱きすぎている場合があるから。その期待が、後から「こんなはずじゃなかった」と失望することになりかねない。

いない方の親って、どんどんいいイメージに膨らんでいく。お父さんはすごく優しくて強くて、休みの日にはいつも一緒に遊んでくれるし、宿題も見てくれるはずだ。お母さんはすごく優しくて料理上手、休みの日には一緒にお菓子を作ってくれる、泣いているときは抱きしめてくれるはずだ、とかね。でも実際はお父さんお母さんは様々だし、子どもの期待通りになるとは限らない。だいたいそんな完ぺきな親なんていないじゃん。

子どもが新しいお父さん、お母さんを欲しい気持ちは理解しながら、再婚は子どものためにするのではなく、自分のためにするってことを忘れないでほしい。相手だって子どもの親になるために再婚するわけじゃない。まずは、自分とパートナーの固い絆が土台にあってこそいい親子関係も築けるの。子どもが過度な期待をしているときは、少しずつ現実を見せてあげることも必要なのだと思う。

30 継兄弟を嫌いになる時は、実親を困らせるとき　それぞれの子どもはそれぞれの実親が面倒みて

何度も繰り返しちゃうけれど、再婚家庭の親子関係は難しい。そして、兄弟関係も同じくらい難しい。連れ子同士で再婚すると、子どもたちには新しい兄弟ができる。うちの場合も母の三度目の再婚で、私に義理の妹が二人できた。

再婚当時、私は十七歳の反抗期。遊び盛りだったので家にいる時間も少なく、妹たちと過ごす時間はほとんどなかった。特に面倒を見ることもなく、同居人くらいの感じだった。それからすぐに家を出たので、継兄弟との関係にストレスを感じたことはなかった。

でも最近気づいたことがある。私には継兄弟をきらいになる地雷があることを。それは、継兄弟が私の家族に対して邪険な態度をとったり悲しませたり困らせたりすること。

それは出来事がきっかけだった。私、母、弟、継父、継妹と私の祖母で旅行に行ったときのこと。私と継妹と祖母の三人でお風呂に入ることになって、先に私と二人、後から祖母が入ってきた。すると妹は祖母に向かって急に意地悪に「ばあちゃんは入ってこ

ないで！」と言い放ち、足の悪い祖母にお風呂の椅子を譲らないではないか。私は唖然……と同時にものすごい怒りが沸いてきた。祖母は気にせず優しくしていたけど、私は耐えられなかった。妹のこの態度が続いたら、私は彼女を大きらいになって、顔も見たくないほど憎いと思うに違いないと確信した。

再婚家庭の兄弟間がうまくいかないときって、継兄弟が自分の親を困らせているときだと思う。私のお母さんに何すんのよ！　やめて！って思うんだよ。親に限らず自分の大好きな人を苦しめる相手なんて好きになれるわけがない。

あからさまな迷惑でなくても、自分の親が継兄弟のことで悩んでいるのを感じてしまえば、その子は継兄弟にいい印象は持ちづらいよね。自分の親を困らせるならきらいになるし、逆に自分の親を取られた感じがしてきらいになることもある。

それぞれの子どもはそれぞれの実親が主に面倒を見て、一般的な枠にはめない、強要しないことが大事じゃないかな。子ども同士があまり仲良くしたがらなければ、無理に兄弟を仲良くさせなくてもいい。幼児期なら比較的仲良くなりやすいと思うけど、ある程度自我が芽生えた子ども同士は、そう簡単にはいかないもの。私みたいに、大人になっても複雑な感情が芽生えたりするってことを理解してね。

31
同じ家庭環境の友だちがいるだけで安心できるし、困ったことも共有できる

私が活動するアンファンパレットで出会った、母子家庭の小学生の女の子の話。

その子は数年前から母子家庭で、お母さんと二人で暮らしているんだけど、どうやら周りに母子家庭の家が少ないようす。お母さんが言うには「この辺はどちらかというと高級住宅地で両親揃っている家庭が多いんです。今どきクラスに母子家庭がいないのも珍しいですよね」とのこと。確かに。私が小学生の頃は、学年に数名程度だったけど、今はクラスの三分の一が母子家庭なんて地域もあるくらいだから珍しいよね。

お母さんは、娘には母子家庭ならではの悩みがあるかもしれないから、同じ環境の友だちがいれば仲良くなってほしいと思って、アンテナを張って探してみた。すると、どうやら同じ学年に一人いることがわかったんだって。なんとなくあのお宅かなと見当はついているんだけど、娘がそもそも友だちを求めているのかわからないと悩んでいた。

私は「じゃあそれとなく娘さんに聞いてみたらどうですか？」とアドバイスをした。

数日後、お母さんから報告が。「夕食のときに娘に、『うちの学校の五年生の女の子で母子家庭の子がいるみたいだよ～』と言ってみたんです。そうしたらものすごい勢いで『え!? 誰? なにちゃん!? 教えて!』と言われました。そんなに食いつくものなんですね……」と。

私も同じ体験をしたから、その気持ちがすごくわかる。同じような家庭環境の子がいるだけでうちだけじゃないと安心するし、話しづらいことも話しやすい。もちろん同じ家庭環境でなくても言える友だちはいるけれど、相手に変な気を使わせてしまうんじゃないかとか、かわいそうと思われるんじゃないかとか、小学生なりに気にするんだよね。

ほかの子どもたちと話していても「○○ちゃんちもね、離婚なんだって。だからうちと一緒だね～って話ができるから楽しい」なんてことを耳にするのは、よくある話。

このご時世、家庭環境や家族形態はどんどん変化しているし、血の繋がったお父さんとお母さんと兄弟がいる家が普通という考えも古くなってきているけど、そうは言っても、まだまだそういう家族形態のほうが多いし、それが普通の家族と思っている大人のほうが多いのも事実。

だから子どもには、同じような家庭環境の友だちと出会う機会があればいいなと思う。

Chapter 3

自分の経験を生かした、活動をする！

1　自分の経験を生かして、子どものためにできること

直接子どもに目を向けて

Chapter1で書いたように、母の団体のイベントで自分の体験を話したことがきっかけで、私と同じように親の離婚や再婚を経験した、子どものためになる仕事をしたい！と思って転職を考えたわけだけど、具体的にどんな仕事ができるのか、わからなかった。

自分と同じような経験をした、子どものためになる仕事って何だろう？ 保育園？ 教師？ それとも児童養護施設の職員さん？ 児童相談所？ どれもピンとこなかったし、そもそも自分と似た経験をした子どもは、離婚や母子家庭とかで、すごく限られているよな……って悩んだ。さらに私は大学中退で資格もない。

それで母のコネを頼ろうとしたら「うち（の団体）で勉強しながら自分でつくればいいじゃない」って言われて、母親がやっているＮＰＯ法人Winkに入ることにしたん

だけど、実のところあまり乗り気ではなかった。母の仕事は母子家庭のお母さんを支援する仕事、私はお母さんじゃなくて子どもに何かしたかったから、なんかしっくりこなかった。また、「自分でつくればいいじゃない」という言葉にも、このときはまだ、ピンときていなかった。

二〇〇九年二十一歳の頃、Winkに初出勤した日の日記に、こんなことが書いてある。

Winkに初出勤した。不安はとても多いけど、この先やりたいことを書こう!!

1、離婚家庭の子どものネットワークをつくってそれを大人に発信する
2、若い世代のひとり親のネットワークを強化
3、知名度は上げてもいちばんは離婚後の子どもの権利、幸せの主張
4、制度、法律の改正、(離婚家庭への)国からの手当の増加を訴える

まだよくわからないけど、まずは団体の年齢層を下げて意識を変えていきたい。自分も含めて、ひとり親家庭は〝かわいそう〟ってイメージをなくしたい。ひとり親家庭のイメージをプラスに変えて、まずは親をサポートすることが第一歩、それからそこで育

つ子どものケアに目を向けたい。そのためには何をしたらいいのか――それを考えよう。しかし、二か月が過ぎて、私の〝なんかしっくりこない思い〟と〝私がしたい仕事はこれじゃないのに〟という思いはさらに強くなっていった。

まずは親のサポートを決めたはずなのに、母子家庭のお母さんや父子家庭のお父さん、それから離婚をして子どもと別居している親御さんたちの意見や相談を聞くうちに、「なんか親って勝手。子どもの意見は聞かないの？」と不満に思うようになった。

親の離婚や再婚に関して、子どもだって意見や思いを持ってるのに、子どもが意見を表明できる機会がない。大変なのはわかるけれど、大人の都合ばっかりじゃんって思った。まだ子どもだからわからないとか、子どもを巻き込みたくないとか、子どもはこう思ってるに違いないと、大人が勝手に判断をして話が進んでいるように思えて、納得がいかなかった。子どもは親に遠慮して言えないこともあるし、我慢していることもあるのに。

そんな思いがうずまいて、親をサポートするより、直接子どもに目を向けて、何かサポートしたい思いが強くなった。

ダイヤの原石

でもそうは言っても、具体的に何をしていいかなんてわからない。「離婚家庭の子どものネットワーク」ってどうつくるんだよって。でも何か行動しなくてはという気持ちだけは強くあった。まず仲間を見つけようと思い立った私は、ＳＮＳサイトのミクシィにある「親の離婚を経験した子ども」という、コミュニティの書き込みを見てみることにした。

そこには親が離婚を経験した約二千人が集まって、悩みを相談したりしていた。自己紹介の文章を片っぱしから読んでみたけど、いくら読んでも声をかけたい人は見つからなかった。みんな現在進行形、親の離婚による悩みや傷を抱えて、親に恨みの気持ちが強く、プラスのパワーが感じられなかった。

でもその中に光り輝くダイヤモンドを見つけた。光本歩という、後に一緒に活動することとなる女の子の自己紹介だった。

私は母親の借金が原因で中学生のときに両親が離婚、父と妹と大阪から静岡県に夜逃げをして父子家庭で育ちました。経済的にとても苦しく、大学に進学しましたが経済的な理由から中退、教師になる夢は叶いませんでしたが、今は自宅で低価格の学習塾を運営しています。私のように経済的な理由で夢を諦めることがないよう、すべての子どもたちが平等な教育を受けられる世の中にすべく活動をしていきます。（光本歩）

そんなに辛い経験をしてきたのに、なんて前向きなんだ。プロフィールを見ると二十歳！　私とひとつしか歳が変わらない。しかも写真がかわいい‼　この子しかいない‼と思った私は、すぐさまメッセージを送った。怪しまれるかも、返事がこないかも……などとは少しも思わなかった。ただ自分の直感のまま、気づいたらメッセージを送っていた。

初めまして。突然のメッセージごめんなさい。私は新川明日菜といいます。現在、NPO法人Winkというところで母子家庭や父子家庭の支援活動をしています。私自身、母が三回離婚をしていて母子家庭で育ちました。その経験を生かして子どもたちに何かしたいと思っていたところ、光本さんのことをコミュニティで見つけました。是非、一度会っていただけませんか？（新川明日菜）

すると翌日、光本から返信があり、すんなり会うことになった。光本は静岡県に住んでいたけど、東京に仕事に来る機会があったので、小田急線の新百合ヶ丘駅の改札で待ち合わせた。当日、私は嬉しさと期待で胸がいっぱいだった。なんであのとき、すっぽかされたらどうしようとか変な人だったらどうしようといった不安が、まったくなかったのか、未だにわからない。とにかく嬉しい気持ちだけだった。

私の前に現れた光本の第一印象は「かわいい！　思ったより派手！　好み！」だった（笑）。髪は明るめの茶髪、ちょっとギャルめの服にヴィトンのバッグ、お化粧も私好み。光本の私の第一印象は「写真と違う」だったらしい。どういう意味で写真と違ったのか未だにこわくて聞いてないけど（笑）。

共通していた親への思い

私たちは駅ビルのレストランに入り、オムライスをほおばりながら話をした。私は自分の生い立ち、つまり母の三回の離婚で何度もお父さんが変わったこと、実の父との再会のこと、思春期の辛かった気持ちや母への不満を、包み隠さず話した。同年代の、しかも初対面の子にこんな話をするのは初めてだったけど、私は光本に話したいって思ったし、この子ならわかってくれると感じた。光本は私の話を聞いて顔をこわばらせることも気を使うこともなく、「わかる〜」とか「それすごい嫌だよね」と言ってくれた。私も光本の生い立ちの話に深く共感した。

それから私は、今のモヤモヤとしたしっくりこない気持ちを光本に打ち明けた。仲間として一緒にやってくれないかと光本に頼もうと思ったのは間違いないけど、私は何がしたいのか、何ができるのか、具体的なものが何もないこと。出会う大人に言いたいことはたくさんあるけど、それをどう表現したらいいのか、わからないことを話した。

私が抱いていた気持ちは光本も同じようだった。離婚の原因をつくった母への不満、家庭環境のせいで受けたい教育が受けられなかった不満、父への不満。だからって過去の思いはどう処理すればいいのかって。

私たちはレストランで、人によっては言葉を失うかもしれない複雑な生い立ちを、オシャレの話や彼氏の話をするのと同じ調子で、二時間以上話し続けた。私と同じような経験をした同世代の女の子に、自分の家庭の話や、親への不満を打ち明けるなんて初めてだったし、自分以外の子からこんなにリアルな話を聞くのも初めてだった。

他人から〝仲間〟へ

このときの光本の話でいちばん印象に残ってるのは、離婚をした後に離れて暮らすお母さんに会いに行ったときの話。「ほんとありえない話だから」って呆れ口調で光本は話し始めた。

大阪から静岡の親戚の家に夜逃げしてから、お父さんと妹と生活していた光本家は、経済的に厳しく、親戚の叔母さんの家に居候ということで、肩身の狭い思いをしながら暮らしていた。

離婚から四年が経った夏休み、お母さんに会いたくなった光本は、アルバイトで貯めたお金で夜行バスに乗り、誰にも内緒で大阪にいるお母さんに会いに行った。離れて暮らしてからも手紙やプレゼントは届いていたし、お母さんから会いたいと言われたことは何度もあったけど、借金をして幸せな家庭を壊したお母さんと会うことを、お父さんは嫌がっていたし、自分もそれが正しいと思っていたから、離婚以来一度も会うことはなかった。そんなお母さんと久しぶりに会うことになって、期待に胸を膨らませながら懐かしい大阪の街に足を踏み入れた。

感動の再会になるはずが、待ち合わせ場所に現れたお母さんの隣には、見知らぬおっさんの姿。唖然とする光本に「この人はね、今お付き合いしている人で、すごく良くしてくれているの」とお母さんは言った。それを聞いた光本は、何も考えずに娘に会わせようと連れてきた無神経な母親を〝この人はなんてバカなんだろう〟って思ったって。

その話を聞いた私は「どこの親も一緒だね」と、自分の親と重ねて共感を込めて言った。

私たちは経験した出来事や辛かった理由は違うけど、おたがいの気持ちが手に取るようにわかったし、共感できた。それを確認した私は、絶対にこの子と何かやっていきたいと強く感じて、仲間になってほしいことを伝えた。光本はすぐにＯＫの返事をくれた。私は初めて〝仲間〟を見つけた。

子ども宣言

それからの私たちの行動は早かった。次の日からメールでやり取りを開始、まず何から始めようか相談した。ちょうどその頃、私は個人的にブログを始めていて、出会った人たちを人物紹介ふうに記事にしていた。その中にはシングルマザーの人もいたし、親の離婚を経験した女性もいた。その人たちとの会話は貴重で、こういう話を気兼ねなくできる相手がいることが、私の心を安心させてくれた。ふと、私や光本も同じように、親の離婚や再婚を経験したことのある子どもや大人に会ってみればいいんじゃない？と思いついた。

私たちに伝えたい思いがあるように、ほかの人にもきっとあるはず。今まで表に出てこなかったのは、誰もマイナスな経験を人に知られたくないからだ。でも匿名のSNSにはたくさんの人が自分の気持ちを綴ってる。もし誰かが自分からだとわからないようにほかの人に伝えてくれるなら、話したいんじゃない？　私たちは経験者から聞いた話を記事にして、ウェブサイトで大人や社会に向けて発信することに決めた。

これが現在の活動の原点だ。そうと決まれば、私たちの活動の名称を決める必要があった。

私と光本はWinkの事務所の会議室にこもって、どんな名前にするか頭を悩ませた。子どもの活動だから〝子ども〟って字を入れるかとか、日本語にするか英語にするかとか。しかし、そもそも私たちは肩書も実績も何もない、ただの二十一歳の女たち。ウェブサイトから発信したって誰が見るんだろ？　何になるんだろ？　と不安になったとき、全面的に力を貸してくれたのがWink、つまり母だった。

私は母に、私たちがやりたいと思っていることを恐る恐る話してみた。するといとも簡単に「それいい企画じゃん。Winkの活動としてやんなよ」と言われた。

母の団体の一つの活動としてやりなよと言われて、私は戸惑った。だって、私たちが発言しようとしているのは、親や大人に対する本音からの批判や異議申し立てがメインであり、親を支援しているWinkという団体としてはどうなのかって。

でも母が「親が聞いたら耳が痛いことも発信することは必要だし、問題ない」と言い切って、私たちはWinkの中で活動をスタートする準備を進めた。

さんざん悩んだ挙句、名前は〝子ども〟って文字をオシャレに入れることにした。英語で〝キッズ〟なんてありきたりでつまらない。英語以外の外国語で〝子ども〟の読み方を何カ国かピックアップしたら、なんともかわいい響きの〝子ども〟があった。フランス語では〝アンファン〟。そこに子どもが本音からの意見を表明するって意味で〝宣言〟をつけて、私たちの活動名は〝アンファン宣言〟に決まった。

光本と出会ってから準備を始めて、あっという間に二〇〇九年の秋がきた。年明けと同時に本格的に活動をスタートさせることに決定し、私の毎日は充実していった。

2　活動開始……手探りの取材活動

活動紹介

ここでひとまず、私たちが行っている活動を簡単に紹介したい。

私たちが掲げている活動理念は、「ひとり親家庭、再婚家庭をはじめとした家庭内の環境・問題による悩みを抱える親子に対して、双方のメンタルケアと教育に関する事業を行い、親子関係を強固とし、家庭環境に左右されることのない子ども達の家庭内での健全育成に寄与することを目的とする」

つまり、子どもたちを中心に考えた、親と子どものサポートだ。活動は主に四つ。

○メンタルケアを重視した低価格の家庭教師派遣

○ 離婚後の親子の面会交流仲介事業
○ 低価格で家庭的な学習塾
○ 子どもが仲間と出会うための合宿

これに加えて、子どもたちの声を講演というかたちで社会へ発信し、離婚・再婚家庭で育つ子どもたちが社会全体でサポートされるように、社会意識改革に取り組んでいる。どれも活動を続ける中から生まれたもので、最初からあったわけじゃない。何をやっていいかわからない……そう迷いながら、こんなサービスがあったらいいなという親子の声と、こんなサービスがあったらよかったなという、元子どもの声を拾いながら考えてきた。

泣き虫

ウェブサイトオープンの準備をしながら、取材活動を続けた。自分の周りの友だち、知り合いで親の離婚を経験した人たちを探して会いに行き、インタビューをして記事にした。そういう話を聞くのは嫌がるかなと心配したけど、やってみるとすんなり承諾してくれて、こんなに話していいの？と思うくらいに話をしてくれた。

インタビューでは、私も自分の話をするように心がけた。心がけたっていうより、それが自然だった。おたがいの話に共感したり驚いたりしながら、一回の取材に二時間以上の時間を費やすのが当たり前だった。この取材で、自分以外の人と経験を語り合えることは、私にとって癒しのようになっていたと思う。

悩んだりつらかったのは私だけじゃなかった、子どもはみんな悩んだり傷ついたりしてるんだから、親や大人に、それをわかってもらわなきゃ！って思いが湧いた。

しかしこの頃の私には、まだ不安と葛藤があった。私は過去の辛かった出来事を封印してきたけれど、アンファン宣言を始動するということは、それをもう一度思い出して整理して言葉にする、そしてそれを実の親である母に聞かれるということだったから。

私は、過去の出来事を思い出すために「離婚後の親子たち」（氷室かんな著・太郎次郎社エディタス）を引っ張り出して読んだ。十六歳の時、親の離婚を経験した子どもとしてインタビューを受け、その内容が本に掲載されていたからだ。

五年ぶりに読んだときの衝撃は今でも忘れない。忘れていたはずの記憶が一気に蘇って、一気に過去のリアルな出来事が私の中に戻ってきた。それまで私は、自分にこんなにも多くの出来事があったことなんて忘れて過ごしていた。その日の日記にはこう書いてあった。

どうしてこんなに涙が出るのか不思議だった。自分の取材記事を見て涙が止まらなくなった。それで私はふっと、まだ人を支援できる立場じゃないんじゃないかって不安になった。今でも克服はしていないんだなって。忘れようとして忘れてただけで。でも当時の辛かったり苦しかった気持ちこそ伝えていかなきゃいけないんだよね。でも……それを発表したら泣きそうで嫌だわぁ。この活動やるのに私が泣いたらシャレになんないわ。この体験、思いを忘れちゃいけない。毎日読んでもいいくらい。私には乗り越える力があった、かろうじて。でもそうじゃない子どもが沢山いる。どうにかしなきゃ。私のような思いをしてほしくないの少しでも。この思い忘れない。そんで私にとっても克服はない。恨みも辛かった過去も一生残るもの。忘れることしか方法はない。多くの子どもがそうなんだろう。忘れるか離れるかだ。

インタビューを受けた十六歳の時も、本を読み返した二十一歳のときも、過去の家族の話をすると勝手に涙が出てきていた。なんで泣いてるのか自分でもわかんないのに涙が抑えられない。こんな私で人前に出て、子どもの気持ちを代弁していいんだろうか？　私は不幸を訴えたいわけじゃないのに、泣いたらアピールしているみたいじゃんって。

そんな不安と葛藤を抱えながら年が明けた二〇一〇年の一月、〝アンファン宣言〟が始動した。自分たちでつくった（正確には光本が全部作ってくれた、笑）シンプルなウェブサイトに、子どものインタビューを五つほどアップしただけで、ほかは何もなかったけど、Winkの知名度からか、すぐに新聞の取材依頼がきた。読売新聞の家庭欄で連載していた「離婚後の親子」だ。

「子どもの気持ちを知らずにいる親たちに、子どもの本音を何とか伝えたい」、そんな思いが記事に載った。今まで、離婚の問題を子どもの目線から発言する当事者、団体がいなかったことで、私たちの活動はすぐに注目されて新聞やテレビの取材が次々に入った。

新しい仲間

でも活動の内容はまだインタビューだけだったから、何かほかにも活動をしたかった。

それに仲間が欲しいって思いもあって、私たちは相談し始めた。私も光本も思いついたらすぐ行動するタイプで、計画性ゼロ。普通はNPO活動を始めるのに、事業計画や資金計画、将来ビジョン、目的などを設定するのに、そんなもの何ひとつなかった。活動を開始してから目的や内容を考えるなんて普通はありえないよね（笑）。そんな行き当たりばったりの私たちが思いついたのが「そうだ！　交流会を開いてみよう！」だった。

交流会といっても、特にやりたい内容も決まってなかったし、人が集まるかもわからなかったけれど、思いついたらやってみよう精神の私たちは、交流会を行う準備を始めた。

都内の居酒屋の個室を押さえて〝アンファン宣言交流会やります〟とミクシィや無料のサイトで告知した。参加条件は定めなかった。どんな人が来るのかさえわからなかったけれど、結果、四人が集まった。

二人は親の離婚を経験してる社会人で、一人はシングルマザーの支援に興味がある社会人、もう一人はシングルマザーのお母さんだった。私たちは活動原点の思いを話したりみんなの話を聞いたりしながらお酒を飲んだ。

それから二～三回交流会を開催した。開催するたびに、新しい参加者が増えた。新しい仲間に会えるのは嬉しかったし新鮮だったけど、私たちには迷いも生まれた。このまま交流会を続けて、どんどんいろんな立場の人が入ってきたら活動趣旨がぶれるんじゃないかって。子どもの立場の人も親の立場の人も当事者じゃない人も、みんなそれぞれの立場で考えや思いが違って、ときにそれは私と光本が思うこととズレていて。そのギャップに疲れちゃったんだよね。だから私たちが一緒にやりたいと思える人だけでいいんじゃないか？って交流会はやめることにして、今までの交流会で出会って一緒に手伝ってもらいたいと思った社会人の二人に「一緒にスタッフとして協力してくれないかな？」って声をかけて、私たちは新たな仲間を手に入れた。

自分との葛藤

この頃は、心配していた〝過去の出来事を話すと涙が出ちゃう現象〟は一度も起きることなく、新聞取材やテレビ取材で自分の過去を話したり、他の子へのインタビュー活動を続けていた。

しかし、私の中に新しい大きな葛藤が生まれた。それは私自身、過去の出来事、つまり親の離婚や再婚や事実婚で何が嫌だったのか、何が苦しかったのかが明確にわからないことだった。取材を受けて質問されるたびに、どんどんわからなくなった。

「どうして子どもの本音を発信したいと思ったんですか？」って質問には「親や大人は本音を知る機会がなくて勝手に思いこんじゃうところがあるので、それは良くないと思うんです」って答えられたけど、「明日菜さんは親にどんな気持ちをわかって欲しかったですか？」とか「どうあって欲しかったですか？」って言われたら、答えられなくて言葉に詰まった。

私は何がそんなに辛かったんだろう？　親が離婚したこと？　実の父親と住んだ記憶がないこと？　新しい父親に愛してもらえなかったこと？　新しい父親と離婚で離れてしまったこと？　母と母の彼氏との生活？　考えても考えても答えがでなかった。

そもそも私は、自分の体験やほかの子どもたちの体験を発信することで、親や大人たちに何を訴えたいんだろう。こんなに辛いんだよ、悲しいんだよって伝えることで「じゃあ、どうしてほしいの？」って聞かれたらどうして欲しいんだろうって。

その葛藤を光本に話したら、光本も同じ思いを抱えていた。光本は親に離婚をして欲しくなかったわけじゃない。離婚は父親の最善の選択だった。でも離婚を選択したうえで親にどうして欲しかったのか、親のどんな対応が嫌だったのかまではわからないって言ってた。私も同じだった。母の行動が許せず、母のことがきらいだった、じゃあ何が違っていたらその気持ちがなくてすんだのだろう。

その答えが出たのは、それからずっと先のことで、私は葛藤を抱えながら活動を続けた。三か月が経った頃、私はいつものインタビュー取材で、初めて中学生の女の子に取材をすることになった。その子のお母さんが私のブログを見てくれて、その子に私のことを教えたらしく、ブログを通してメッセージがきた。

「初めまして。私は今中学一年生です。ママと再婚してできたパパと、パパが連れてきた弟とお兄ちゃんと暮らしてます」

私はその子に取材のお願いをして会うことになった。今までは大学生から社会人年齢の人にしか取材をしたことがなかった私は、ドキドキだった。

取材の当日は、その子が住む駅で待ち合わせて、お母さんがその子を送ってきてくれた。想像通りの優しい印象のお母さんと、中学生にしてはオシャレな女の子。私たちは挨拶を交わした後、お母さんと別れて近くのファミレスに入った。

私は何から話そうかなって迷いながらも、アンファン宣言の活動、今回の目的や、そもそもなぜこの活動を始めたかを話した。三回再婚した母について話すと、その子は

「ええ！　それやばいですよ！」って叫んで、私は思わず噴き出した（笑）。

　そのとき、その子が心を開いてくれたような気がして、離婚の経過や、実のお父さんの話、兄弟との関係など、どんどん質問していった。その子は躊躇することなくなんでも話してくれて、私は何度も共感して、そのたびに「わかる！」って口にした。

　その子はすごく明るい性格だったけど、その子なりに家庭にストレスを抱えているようだった。「そういう話、友だちに相談するの？」って聞くと「友だちにはしないですよ。みんな自分の話を聞いてほしい人ばっかだし、恋の話とかゲームの話が中心だし。大人は話す相手がいていいですよね。子どもは話せる相手がいないから、子どもだって大変なんだぞー!!　って叫びたいですよ」。子どもは話せる相手がいないから。その言葉がすごく印象に残った。

　確かに子ども同士って重い話ができないし、私が子どものときだって、もっと話せる相手が欲しかった。そんな相手が一人でもいたらどんなに救われただろう。

3　〝子どもたちの本音〟合宿

子ども同士が出会える場

そのときに私はひらめいた。それなら、子ども同士が同じような仲間と出会える場所を私たちが作ればいいじゃんって。その子に「夏に合宿とかあったら来る？」って聞いたら「行きたいです!!」って答えがすぐ返ってきた。私は合宿というかたちで子どもたち同士が出会える場所、家庭の話も気兼ねなくできる機会を作ることを、光本に提案した。その場で光本も賛成してくれて、早速計画を進めた。アンファン宣言の活動が始まって三か月後、二〇一〇年春の出来事だった。

合宿の場所は、静岡県の熱海市にある「姫の沢自然の家」に決めた。中高生が参加対象で重要な条件は〝離婚家庭もしくは再婚家庭に育っている〟こと。バーベキューや花火や海遊びなどの自然体験を盛り込み、夏を楽しみつつ参加者同士が家庭のことを考えて話し合える時間もつくりたいと思い、オリジナルワークショップとセミナーを考えた。

ワークショップはグループにわかれて自分と自分の親の関係を絵にして発表しあうものや、同年代の離婚家庭の子からの相談に対して、どうアドバイスするか考えるというもの。普段、学校でできない家庭の話を気兼ねなくできる場にしたかった。私たちが開催する合宿は、同じ家庭環境を経験する仲間と出会う合宿。だから、仲間＝ピアと出会うための合宿っていう意味で〝ピアステイ〟と名付けた。

お母さんからのSOS

二か月前から募集を開始したけど、なかなか申込は来ない。とりあえず私は当時中学二年生だった弟を誘い、光本は高校一年生だった妹を誘った。これで参加者ゼロにはならないねって（笑）。すると弟の昔からの友だちで、母子家庭の女の子も興味を持ってくれて参加することに。それからは、インタビューに協力してくれた中学生の女の子、知り合いの再婚家庭の子という具合に、ポツポツと参加者が増えていった。

身内だけになるかなと思っていた合宿一か月前のある日、インターネットで検索してたどり着いたという母子家庭のお母さんから、問い合わせが入った。

中学一年生の娘が反抗期で困っている。親の離婚の影響もあると思うから、合宿に参加させたいが本人が嫌がっている。どうにか説得できないかって。

それを聞いて私は力になりたいと思って、お母さんにこんな提案をした。インタビュー取材のお願いってことで私が直接娘さんに会いに行き、仲良くなって私から誘ってみるのはどうですか？。お母さんも賛成して、私は早速その子に会う機会を取りつけた。

会ってみると、その子はどこか大人を見下したような冷めた目をしていて、でもあどけなさの残る女の子だった。

最初は私を警戒して目も合わせてくれなかったけど、ファミレスで二人きりになって私が自分の話を始めると、だんだん心を開いてくれて、その子は自分のことを話し始めた。案の定、親、特にお母さんへの不信感でいっぱいだった彼女は、不満がたくさんあった。その子は、親に隠しごとをされたりごまかされたりするのが悲しかったってことと、本当はお母さんが大好きなんだってこと。この合宿をきっかけに、その子とお母さんがきちんと向き合って話せるようになったらいいのにと私は思った。

夏の合宿の話をすると「その日、学校の登校日なんだよね……。でもお母さんが休んでいいって言ったら行こうかな……」ってその子が言って、私は心の中でガッツポーズ！

この親子に出会って、私は「親もこんなに悩んだり心配したりしてるんだな……」ということに気がついた。今まで親は勝手だとか、子どもの気持ちをわかってないと思っていたけれど、それは間違いだった。親だって心配しているし、子どものことを思ってるのに、それが子どもに伝わっていないだけだった。でもそれじゃあ歯がゆすぎる。どうしたら親子のすれ違いが消えるんだろう？　どうしたらいいコミュニケーションが取れるんだろう？

考えて合宿の最終日にあることを計画した。子どもたちが乗り気になってくれるかどうか、こわかったけど試してみたかった。

子どもたちの本音

そんなこんなで、夏も終わりに近づいた二〇一〇年八月最後の週、合宿を開催した。参加した子どもたちは七名。それに私と光本と社会人スタッフを合わせ、計十一名。

ワークショップは、思ってた以上にみんな真剣に取り組んでくれた。子どもたちが親や家族にどう向き合い、どんなことを感じているのかを知って新しい発見だった。どの子も大人が思いもしないような冷静な目を持っていたり、自分なりの考えを持っている。

印象的だったのは、離婚家庭の子どもからの相談にどういうアドバイスをするかを考えるときの、子どもたちの親への鋭い指摘や観察力だった。

例えば「お母さんと暮らしたい気持ちがあっても、自分の今後を考えたらお金を持ってるお父さんと暮らすべき」とかね。子どもは大人が思う以上に大人を見てるし、現実を理解している。自分の考えもしっかり持ってる。「まだ子どもだから」っていうのは大人の認識不足、それを再確認したような気がした。

最終日の計画実行

合宿最終日。親子の気持ちのすれ違いを解消するために考えた私の計画を実行するときがきた。それは自分の親に手紙を書きましょう！ってやつ。ちょっと押しつけがましいけど、便せんはこちらで用意して、子どもたちには突然提案した。

「親への感謝の手紙を書いてみてほしいんだ。でもね、別に書くことがなければ書かなくてもいいし、感謝ってほど、おおげさなもんじゃなくてもいいからさ」

内心は結構ドキドキで、書いてくれない子もいるんじゃ……って恐る恐るだったけれど、文句を言った子はいなかった。書き終えた手紙を受けとって読んだ時、思わず涙が出そうになった。だって普段は言えないような素直な思いが書かれていたから。

「この合宿にこれてよかった。いつもケンカばっかしてるけど、きらいにはなれないな。これからもよろしく」

「いろいろ迷惑かけてすいません。あれから自分自身について考えたり行動してみた。その結果またこういう関係に戻れてよかった。これからもよろしく」

「ママ、何書けばいいかわかんないけどピアステイにこれていろんなこと聞いたり話したり、すごく学べた気がする！　参加させてくれてありがとう☆」

悩んだり文句を言っていた子どもたちから出た本音。だからこそ、心の底から感動した。このときの感動は今でも忘れない。

もちろん手紙を書くだけでこの計画は終わりじゃない。後日、保護者に合宿での子どもの様子、面談で語ってくれた親への思いもレポートにして一緒に郵送した。受け取った保護者の方々はとても喜んでくれたし、関係が良くなったって言ってくれる方もいてすごく嬉しかった。計画は大成功で幕を閉じた。

私の中に、親子の良好な関係を心から願う気持ちが生まれたのは、間違いなくピアステイがきっかけだったと思う。子どもの話を聞く相手になるだけじゃなく、親子の架け橋になれたらいいな。そんなふうに思うようになった。

4 〝アンファン〟たちに寄り添う

子どもに必要なのは話し相手

それからもインタビュー活動を続けたり、イベントをしたりと活動は順調だったけど、私の中の〝親の何が嫌だったのか？　何が辛かったのか？　どうして欲しかったのか？〟という疑問は相変わらず残っていた。

でもわかってきたことは、親の離婚や再婚に悩んでいる子には、親の態度が影響しているということ、不十分な親子のコミュニケーションを改善できれば解決に向かうんじゃないかってことだった。そのためには、親子の間に仲介に入る人が必要だし、子どもたちにだって日常的に話を聞いてくれる相手が必要なんだって思った。

合宿は年に一度しかできないし、インタビューだって月に二人が限度だ。もっと気軽にもっと多くの子どもに話し相手を……そう考えて思いついたのが、私たちが子どもたちのもとに家庭教師として訪問する〝アンファン先生〟だった。

アンファン先生は、ただ勉強を教えるだけの家庭教師じゃない。いちばんの目的は離婚、再婚家庭の子どもの話し相手・相談相手になること。

ひとり親家庭だと親が忙しくて遊んでもらえなかったり、ひとりで留守番する時間が長かったり、宿題を見てくれる人がいないから、その相手になること。それから子どものコミュニケーションで悩んでいる親の話を聞いて仲介者になること。

やると決めたらとにかく行動する私たち。それちょーいいじゃん！　私が子どもだったら絶対欲しい！　というノリの勢いしかなかった。行動力があるといい響きだけど、計画性がないとも言えるこの性格（笑）。先生を担ってくれる講師を一人も見つけてなかったし、利用ニーズがあるのかさえわからなかったけど、自分たちが欲しい！必要に違いない！と思ったものを実現することに、ためらいはなかった。

アンファン先生になる人

私たちがこだわったのは、講師は、両親の離婚や再婚を経験したことがあること、年齢はなるべく子どもと近いほうがいいので大学生に限定するということだった。なぜなら、今までの活動で出会った子どもが、出会ったばかりの私たちに心を開いて何でも話してくれるのは、同じような経験をしてることが大きいと感じてきたから。それに年齢が近いこともポイントで「お姉ちゃんみたいで話しやすい」そんなふうに言ってくれた。また保護者にとっても、私たちが経験者であることが重要だった。自分の経験を踏まえた上での、子どもからの本音やアドバイスを聞きたいと思っているようだったから。

ウェブサイトの講師募集要項には「離婚・再婚家庭で育った大学生で責任感があり健康な方」と載せた。

親の再婚に対する思い

アンファン先生の準備をしているのと同じ頃、私たちはNPO法人Winkの中で活動していた「アンファン宣言」を独立させようとしていた。なぜかというと、Winkで活動していくうちに、私のモヤモヤが少しずつ溜まっていき、抑えられなくなっていたからだ。母は私たちの活動を理解し、応援や協力もしてくれた。でも私は、母が発信する親としての気持ちを理解できないことが増えていった。

この頃Winkはシングル家庭の支援だけでなく、「ステップファミリー」、つまり再婚家庭の家族支援にも力を入れるようになっていた。というのも、母自身が再婚家庭の継母の立場として苦労や葛藤を抱えていたから。母はそれを自分のブログに綴り、離婚後の恋愛や再婚に関する情報発信に力を注いだ。「子連れ恋愛がハッピーエンドになる本」や「子連れ再婚を考えたときに読む本」などを出版し、ブログには継子へのストレスや葛藤をサバサバと綴った。

私はだんだん、はっきりと気づいた。私が嫌だった、そして何よりも辛かったのは母が離婚したことではなくて、再婚したことだったと。母が書く継子へのストレスや葛藤を読むたびに、私がどうして継父に愛されなかったのか、うまくいかなかったのかを突きつけられているような気がして、つらくなっていった。

私はアンファン宣言を独立させたいことを光本に相談し、母にも理由はあいまいにしてそれを告げた。母はいい反応はしなかったけど「勝手にどうぞ」って感じだった。そして私たちは準備を始めた。

アンファン先生の事業を開始するのに合わせてウェブサイトもリニューアル、団体名も変えることにした。新しい名前は〝アンファンパレット〟。パレットは絵の具のパレット。つらい色や悲しい色に出会っても、子どもたちがきれいな絵を描けるようにサポートしたい。家族や周囲の色と優しく調和しながら、自分自身の彩で豊かな未来を描けるように……そんな願いを込めてアンファン宣言は〝アンファンパレット〟として生まれ変わり、二〇一〇年の十月に再スタートした。

　私は親の再婚に対する複雑な気持ちに気づいてから、少しずつ再婚家庭で感じた気持ちをブログに綴るようになった。Winkから独立した今、子どもの立場として、どちらかというと対立する立場として気持ちを発信してもいいんじゃないかって思いが湧き起こった。ブログの名前は「再婚家庭で育った子どもの気持ち」。再婚を選択する親に、子どものリアルな気持ちを知ってほしい、また母にも知ってほしいって思ったから。

　でも最初は全然書き切れなくて、書くのがこわかった。ブログを見て母は「もっと遠慮せずに発言したらいいのに」ってケロッと言ってきたけど、その頃の私は「離婚のことはなんでも話せるけど、再婚のことはまだ無理。親の再婚については深く考えたくない」って言って避けていた。それは心からの本音で、無視し続けたら私の心が折れそうだった。それでもブログはチビチビと続けた。

　最初はかなり控えめに小出しにして書いた。だって母が読むのは間違いなかったし、いくら鉄の女でも全部ぶちまけたら傷つくんじゃないかって思ったから、私が抱いてきた継父への葛藤や恨みをどこまで知らせていいのかわからなかった。

アンファン先生がきた！

アンファンパレットを設立した十月、私たちは初めて講演会を開いた。アンファン先生という新しい事業のPRもしたかったたし、そろそろ私たちの活動や思いをリアルな言葉で発信していく機会が必要だと思った。

東京ウイメンズプラザフォーラムの団体審査に通って「離婚家庭の子どもの気持ち」と題した講演会を開催した。自分たちの生い立ちはもちろん、今まで行ってきた活動や新しく始まるアンファン先生について話をした。母子家庭のお母さん、離婚家庭に関わる支援者の人が約二十五名、聞きに来てくれた。

講演会は、顔見知りだった新聞記者が記事にしてくれた。翌十一月、朝日新聞の生活欄、四分の一を占める大きさで、「家庭教師が親子を結ぶ」という見出しの記事が、どーんと掲載された。この記事をきっかけに、講師をやりたい学生から問い合わせが入って、私と光本は大興奮で喜んだ。まさか本当にアンファン先生が来るなんて！

三名とも志望動機に自分が母子家庭で育ったことで経験した苦労を、子どもに生かしたいという強い気持ちを書いていた。すぐに三名との面接を設定、それぞれ個性は違ったけど、みんな根本の思いは共通していた。〝自分の経験してきた親の離婚、貧乏など、マイナスの経験をプラスにして子どもに役立てたい、力になりたい〟って。

講師三名が新たに加わり、まずは講師研修として離婚や再婚に関する法律の知識や、子どもや親御さんと接する際に必要なカウンセリングの知識を勉強してもらった。子どもだけじゃなく親御さんの悩み、苦労を聞き取ってケアする必要があったから。その頃は、今の講師研修プログラムとは比べ物にならないくらい内容は薄いものだったけど、みんな真剣に勉強してくれた。

それから一か月が経った頃、初めての申し込みが入った。ウェブサイトを見てくれた母子家庭のお母さんから、三人兄弟の勉強を見て欲しいとの依頼だった。すぐに自宅に聞き取りに行って講師の派遣がスタートした。

こうしてアンファン先生の事業は動き始めた。それからも利用者の問い合わせが入るようになって、少しずつ申し込みが増えていった。

申し込みは、母子家庭のお母さんからだけではなく、父子家庭のお父さんからも入ってきた。勉強だけ指導して欲しいというより、勉強を指導しながらも同じ経験をしたお姉さんとして子どもの話し相手になって欲しいとか、学童のお迎えや留守番を一緒にして欲しいとか、子どもが離婚や離れて暮らす親とのことを話せる存在になって欲しい、そんな依頼が増えていった。

再婚家庭の親御さんからも、再婚して子どもがストレスを抱えていると思うから、いい相談相手になって欲しいと依頼が入った。まずは必ず私が面談にうかがい、親御さんの不安や要望をヒアリングした。勉強を教えるだけなら家庭教師だって塾だって、ほかにいくらでもある。でも私たちにしか担えない、私たちだから役立てることがある。それは間違いじゃなかったんだって感じながら続けていった。

出会えたからには精いっぱい力になりたい、そんな思いで一件一件、大事に接した。親御さんに対しても私の過去の経験や本音をなるべく話すようにした。それが少しでも励みになるならって。利用者の申し込みが増えると同時に、講師希望の学生の問い合わせも順調に増えていった。

しかし、正直、なんでこんなに希望者が来るのか謎だった。ウェブサイト以外に特に募集を告知してるわけでもないし、特殊なボランティアなのに。講師を希望する学生の通う大学はみんなバラバラだったけど、早稲田、慶応、上智、東大、法政、国立大と優秀な大学の学生ばかりだった。自分の親が離婚した、再婚した、死別で母子家庭になったなどの学生が九割、親の離婚や再婚を経験していないけど、子どもたちの力になりたい、将来教師になりたいと理学を専攻している学生が一割。

志望動機の文章をチェックして、必ず私が面談をした。会って採用するかしないか決めるのは私のフィーリングだけだった。みんな最初は緊張している様子だったけど、志望動機を語るときは目がキラキラしていた。

誰もが口を揃えて言ったのは「自分が子どもだったときに、こんな団体が欲しかった。自分の経験が生かせると思わなかった」という言葉だった。面談に来る学生に生い立ちを聞くと、みんな素直に話してくれた。普通は隠したい経験や苦労も、アンファンでは、その経験や思いが重要な採用基準だった。マイナスから大逆転してプラスになる。いろんな経験をしていればしているほど、うちには欲しい人材になる。

学生は自分の経験を生かしたい気持ち以外に、話ができる仲間が欲しいとか、私に話せて嬉しかったなどを話してくれた。そこで私は気づいた。アンファンパレットは親子の力にもなれるし、学生の力にもなれるのかもしれないって。当初、決めていた離婚・再婚家庭で育った学生という基準は、結果的に範囲を広げて採用することになった。

5　活動のための基盤づくり

悩みもある

講師や利用者の数は増えていったけれど、いくつか課題も出てきた。

初めの頃の家庭訪問の確認は、講師にメーリングリストで報告を流してもらい、内容をチェックしながら、どの家庭に誰が訪問に行っているかを把握することができた。でも利用者の人数が増えるにつれて、「今日、講師の先生が来ないんですけど、どうなってますか?」と、問題が起こるようになった。それでもみんな責任感を持って取り組んでいたから、ミーティングや相談を重ねて、問題点を少しずつ改善していった。変えた方がいいところはその場で変えて、まずはやってみる。不都合があればまた変える。手探りで進めていった。

もうひとつの問題は、親の離婚や再婚を経験していない講師の、モチベーション維持だった。アンファン先生は〝同じ経験をしたお兄さん、お姉さん〟ってことを大事にしているから、経験していない講師には不安が大きく、いくら研修をして仲間の話を聞いても、自分じゃ力不足なんじゃないか、できることが限られてしまうんじゃないかという悩みが聞こえてきた。ミーティングで経験者のスタッフ同士が「わかるわかる。うちの場合はね……」なんて話していると、疎外感を感じることもあるようだった。

そのたびに私は、アンファン先生をよりいいサービスにしていくためにも、活動をもっと広げていくためにも、経験者じゃないスタッフの存在が貴重なことをわかって欲しくて、説得した。それが良かったのかはわからないけど、現在おおよそ四十名いるスタッフの約一割にあたる彼らは、仲間としてやる気をもって取り組んでくれている。

アンファン先生に、これでいいという終わりは、まだまだない。これからもみんなの知恵を借りてやっていこうと思ってる。

活動するためのお金

アンファンパレットを独立させて一年。活動は順調だったけれど、私と光本には頭を悩ませる大きな問題があった。それは〝お金〟。

アンファン先生は家庭から利用料を貰っている収益事業だけど、経費や講師への支払いをすると収益はゼロに等しかった。光本は個人事業で学習塾を経営していたけど、その塾はものすごく低価格で利益を追求できる額じゃない。だから光本はほかのアルバイトをかけ持ちしていたし、私も相変わらずWinkの仕事をして、そっちのお金で生活をしていた。そのことが私たちを不安にさせた。

最近は〝社会起業家〟と言われる人たちがたくさんいて、社会に役立つことを仕事にして食べていくのが、かっこいいみたいな風潮があるから、私たちも〝若くして社会起業家になった女の子〟みたいに見られることがあったけど、この活動だけで食べていくなんて全然できていないし、私たちはそんなかっこいい人じゃないというギャップがあった。アンファンパレットにもっと本腰を入れたくても、時間とお金の問題でむずかしかった。でも私たちは、この活動で二人が食べていけるように自立したいと、いつも思っていた。

どうやったら安定した収入が得られるのか、ときには新しい事業を考えてみたり、単純にお金を寄付してもらう方法でやっていこうともした。でも答えが出ないまま、最終的に絞り出したのが〝学習塾〟だった。光本はすでに学習塾を経営していてノウハウがあったし、低価格にしなければ収益事業になるのは間違いない。

今思えばなんて安易な発想なんだろうって呆れるけど、思いついちゃった私たちは止まらない。いつものように計画性ゼロ、その場でパソコンを開いて物件を探した。普通はどこに出店するか慎重にリサーチ、周辺の競合塾を調べて物件を決めるものなのに、私たちはそのすべてをすっ飛ばして一瞬で出店地域を決めた。そこは多摩地域の南大沢周辺。

その場所にした理由は、南大沢にある首都大学東京の学生スタッフが二人、近くの相模原にある法政大学にもスタッフが二人いるから、人には困らない、ただそれだけ（笑）。その日のうちにめぼしい物件を決めて翌週には南大沢の不動産屋にいた。経験もない私は物件を見せられても、塾に適切な物件なんてわからない。それでも不動産屋さんの店長が親切にいろいろ教えてくれたおかげで、五件目の物件で、私は「ここだ！」と即決、翌日には契約した。

そんな無計画な私たちは、二か月後の二〇一一年〇月学習塾あんふぁん多摩境教室をオープンした。経費が稼げるようになるまで光本の塾から家賃などの固定費を出して、後々は光本が教室長になって運営する予定だった。

半年以上が経過して生徒数は七名になった。当初の予定と変わったのは、光本ではなく私が教室長になったこと。私は勉強なんて教えられないって思ってたけど、やってみると案外楽しい。講師不足で悩んだときもあったけど、今は四人のスタッフが安いバイト代にも関わらず、親身によく手伝ってくれている。

私はなんのためにやってるんだろう？　私のやりたいことはこれなの？　そう悩んだときもあったけど、塾という場所で勉強を通して子どもたちと触れ合うことは、貴重な経験になっている。

家庭環境に問題がなくても、思春期の子どもたちはいろんな悩みや不安を抱えている。そんな子どもたちのリアルな姿を知ること、子どもたちの今しかない中学生時代を見守れることは想像以上にやりがいがある。

さらに塾を始めたことで私の仕事の幅も広がった。それは、ほかの学習塾との連携や教育関係に携わる方々との出会い。まさか勉強ぎらいだった私が教育に携わる仕事をするなんて、一年前は想像もしていなかった。人生何があるかわからないな。当初の目的であるお金は赤字だけど（笑）。

再婚から目をそむけない

活動が広がると講演の依頼もポツポツくるようになった。行政が企画するひとり親向けの講演だったり、大学の社会福祉学の講義だったり。私はもともと極度のあがり症で人前でしゃべるのがすごく苦手だったけど、自分の経験や活動を通して出会った親子から感じたこと、学んだことを世の中の人に知って欲しいし、知ってもらう必要を感じたから、依頼が来れば受けるようにした。

人前で話をするには、自分が何を伝えたいのか、何に問題意識を持っているのかを整理しなければならない。その作業がまた私を成長させてくれた。話をする機会が増えるうちに緊張もあまりしなくなって、今では講演するのが楽しいくらいだから不思議だ。おかげで、自分の親の問題にも、ちゃんと向き合えるようになってきた。自分の辛かった経験も大事だけど、もっと中立な立場で再婚をする親の思いや苦労、悩みもわかる努力をしよう。でないと何も伝えられない。そう思うようになっていった。

再婚の際に生じる、つらい子どもの気持ちを発信するだけじゃなく、どうすれば親が再婚しても子どもが幸せに生活していけるか、改善点を考えて発信することが何よりも必要だなって。

そのような視点で考えるようになってから、母や母以外の継親とも交流するように努めた。再婚家庭に関するデータや本を読んだり、シンポジウムにも参加して勉強した。まだ、母のブログを見て考え方が違うんだよなと思うこともあったけど、継母の立場の葛藤や苦労を理解するように努力した。

そうして再婚のことを勉強し続けていたある日、明石書店から本の出版の話が舞い込んだ。考えた末、私と光本が子どもの立場から、親の離婚後の対応、親の恋愛や再婚について書くことになった。

やっと向き合えるようになってきた親の恋愛や再婚のことについて、自分の考えをまとめて文章にする作業は、この頃の私に必要だったし、このタイミングでその機会がもらえて本当によかったと思っている。本にするんだから母への遠慮や躊躇は全部捨てよう。もうなんとでもなれ！　って感じで開き直った（笑）。

無事に本が出版された頃には、母に対する私の気持ちはすっきり解放された。これからは、親の恋愛や再婚についても、勉強して感じた自分の気持ちをまとめていこう。そして今の活動に生かしていこう。そう思えるようになった。

6　子どもたちの幸せのために

日本の法律の問題

一年目のアンファンパレットは、とにかく仲間を集めて、少しでも多くの利用者にサービスを提供することを目的にバタバタと過ぎていったけれど、二年目は日本の離婚に関わる法律や制度についての意見の発信に力を注ごうと思い始めていた。その理由は、離婚後の親子のありかたが注目されてきたから。

ここ二、三年で、離婚や再婚の数が増加していることに伴い、民法の改正やハーグ条約批准国の広がり（国境を越えて子どもを不法に連れ去る、あるいは留め置くことの悪影響から子どもを守ることを目的とした法律。日本では二〇一三年に国会で承認予定）、離婚届けに養育費と面会交流についての取り決めの有無を記入する欄ができるなど、日本の離婚の制度や離婚後の親子関係について、関心が高まってきた。諸外国と比べて不十分な日本の離婚制度の問題が、新聞記事に出ることもしばしば。取材で意見を求められることも増えた。

活動で出会う親からも、面会交流の相談を多く受けるようになった。

「離れて暮らす親と面会をさせているけど、それは続けたほうがいいですか?」「会わせる頻度はどのくらいがいいですか?」「養育費を払ってくれない親に対してどう対応したらいいのか?」「離婚をしてから子どもに会わせてもらえなくなった」「離婚をしたら子どもと会えなくなってしまうのか?」などなど。

親からの相談は、どの立場も切実で共感できたけれど、やっぱり私が第一に考えるのは、その家庭の子どもの気持ちだった。子どもの意思がいちばん重要で、それをくみ取る必要があると思った。子どもたちは言わないだけで、自分の気持ちを心に秘めてるから。

離婚をしても、子どものためにどうすることがいいのか、考えて協力できる元夫婦ならいいけれど、争いが激化したり子どもを奪い合うようになってしまうと、子どもにとって何が最善か考える余力がなくなり、間にいる子どもの気持ちは、置き去りにされてしまうのが実情。自分自身もそんな子どもの一人だったと思い出したりもする。

離婚にしても再婚にしても、親が勝手に決めてしまうばかりで、子どもに発言する機会は与えられていないし、聞いてくれるような制度もない。子どものほんとうの気持ちや意思は親に届いていない。でもそれでいいの？　子どもの気持ちは置き去りにされてしまうの？――と私は思う。

離婚後の親子の面会支援

私はこの状況をどうにかしなきゃと思った。離婚は親だけの問題じゃなく、子どもの将来に影響をもたらすものでしょ。それなら子どもも親の離婚について、知る権利、発言する権利が必要じゃない？　でもそれを実現するのは簡単じゃないってこともわかっていた。親だけでは無理なんだよね。だから、親のどちらの立場でもない、中立な立場でサポートしてくれる人が必要不可欠だって思った。

その思いはWinkも、それを率いる母も同じだったから、面会交流仲介サービスという事業で支援をすることに決めた。Winkで二〇〇四年に一度行ったけど、人数不足でスタッフの負担が大きく、半年で手を引いた事業だったと聞かされた。それを今復活させたい、今なら私やアンファンのスタッフがいるから、みんなで助け合いながらやっていける。私の強い希望で、Winkとアンファンが協力して、〝面会交流仲介サービス〟

を復活させた。二〇一一年の夏のことだった。
サービスを開始して、養育親、別居親からの相談を受けたり、実際に仲介の支援の現場にも出るようになった。一件一件慎重に対応しなきゃいけないから、気を張って精神的に疲れることもあるし、初めてのことで戸惑いも大きかった。でも、これは絶対に子どものためになるという気持ちは揺るがなかった。一年半が経った今も、誇りを持ってこの事業を続けている。交流を続ける親子の成長、子どもの嬉しそうな様子を見て、私たちがやってることは間違ってないんだって思っているから。

私はこの事業を通して、離婚後の親子のあり方をもっと多くの人が考えてくれるようにアクションしていくつもりだ。仲介支援も一部の利用者と民間の事業者が行うだけではなく、国の制度として、離婚を選択するすべての夫婦が収入が少なくても、利用できる機関の実現に繋げたい。そのためにも、法律や制度の改正を実現したい。まだ挑戦は始まったばかりだ――。

子どもの声が尊重される社会に

日本の離婚の法律や制度は、まだまだ子どもの意見が反映されているとは思えない、不十分な点が多い。だから変えたい！　そう思っているけど、思ってるだけじゃ何も始まらない。

でも、私たちは専門家でも政治家でもない、誰にその思いを伝えたらいいの？　そんなときに出会ったのが、日本弁護士連合会の大谷美紀子弁護士だった。

ある時、先生が国際離婚をした後のハーグ条約について講演をされるとのことで、大阪まで足を運んだ。そこで名刺交換をさせていただき、東京に帰ってすぐに、再び会いに行った。

日本でも、親が離婚しても、子どもがよりよく過ごせるための法律や制度になるように訴えたい、私たちは子どもの立場として発言したいことがたくさんある、でもどうしたらいいのかわからないことを相談した。すると先生は突然にも関わらず、親身に相談に乗ってくださり、二〇一三年から開始する「家事事件における子どもの手続き代理人制度」というプロジェクトチームに私を紹介してくれた。

代理人制度とは、二〇一三年一月から施行されるもので、両親の紛争で利害関係が発生した場合に、家庭裁判所によって子どもに手続き代理人が選任され得る、というものだった。

なんだか難しい言葉だけど、簡単にいうと、この制度ができれば、離婚後の親との関わりや養育費などの事柄を決める際に、子どもの意見を聞き取り代弁してくれる、子ども専用の代理人がつく可能性があるというものだった。親ではない第三者、しかも両親のどちらの立場でもない弁護士が、子どもの意志を聞いてくれる機会ができるなんて、今まで日本にそんな制度はなかった。これまで、両親の離婚の合意のための弁護士や調査官がいるだけで、子どもは置き去りだった。でもそれが日本でも施行されるなんてすごい！　その内容を知った私は心から嬉しくて、日本も着実に離婚後の子どもに目が行くように変化してきたなと心強く思った。

この制度の実現までこぎつけてくれた弁護士会の先生方には、感謝と敬意でいっぱい。今では、制度の実施に向けた勉強会や研修会に呼んでいただいて発言している。私たちだから感じていることを、これからも制度や法律に生かせるようにしていきたい。それが使命だと思っている。

そして今、母親の思いを受け継いで……

アンファンパレットの活動をスタートしてから丸二年と少し――。

実は、その後の私の活動に、さらなる大きな変化があった。それは、母の後任としてNPO法人Winkの理事長になったこと。アンファンパレットの活動はWinkの活動の一部となり、メイン事業として継続している。

そのことを聞いた、周りの人はみんな驚いた。アンファンパレットはNPO団体として、独自に大きく成長していくだろうと思ってくれていたから。もちろん私だってそう思っていた。

でもWinkの理事長となって後を継いでほしい、それが母の最大の望みだった。

私が母と同じような活動を始めたいと言いだしてから、それを全力でサポートしてくれた母が、何十年かかけて育ててきたWinkという団体は、母にとっては私と同じ娘のようなもの。その大事な娘を私に託せることが喜びで、そのために私をWinkに入れて育ててくれたのだろうと思う。

それは一緒に働きだした当初から、実は私にはなんとなくわかっていた。わかっていたけど私の中の色々な葛藤が「それでいいの?」と問いかけてきて、答えがでないままだった。

正直、すぐにはYESと言えなかったし、すごく悩んだけど、私は母の望みを叶えることに決めた。それは母への最大の恩返しだと思っているから。

とはいっても、毎日の仕事は、今までとそんなに変わらず、面会交流仲介事業もアンファン先生も力を入れてやっているし、Winkで活動してきたシングルマザーの支援活動も継続中。

けれど私がWinkの理事長になったことで、団体のカラーは少しずつ、でも大きく変わっていくのだと思う。私はアンファンであれ、Winkであれ、肩書はどうであっても、実現したい思いは揺るがない。そして、子どもたちの幸せのためにこれからも試行錯誤しながらみんなの力を借りて活動を続けていこうと思う。

ちなみに、母は私に理事長を譲って早々と引退するつもりだったらしいけど、今でもお尻を叩いて働かせてる（笑）。まだまだ母を必要とする人はいるんだからね。

あとがき――今までの私とこれからの私

自分の生い立ちを思いっきり生かした仕事をすることになるなんて、これっぽっちも思ってなかった。なるべく隠して生きていきたかったし、誇れることでもなかった。

それがちょっとしたきっかけと偶然の積み重ねで今に至るわけだけど、今でも自分の生い立ちは誇れることだとは思っていないし、オープンにするのに全然抵抗がないわけじゃない。もちろん、誰かの役に立ってるのは実感できるし、やってる仕事にも誇りを持ってる。自分の生い立ちを話すことにも誇りを持てる。これを生かしてもっともっと誰かの役に立ちたいとも思う。でも実のところ、新川明日菜っていう一人の女の子としては躊躇がある。

「自分の生い立ちが結婚観に影響していると思いますか？　結婚をしたいと思いますか？」

後援会で聞かれるこの質問を耳にすると、親御さんは離婚をしたことによって、子どもが結婚に夢を持てなくなったり、男女関係の考え方に苦労するんじゃないかと思ったりして、心配なんだなと思う。

迷わず、影響してるって答えていた私だけれど、だからって結婚したくないわけではない。でもそう思うようになったのは最近で、いつ気持ちが変わるかはわからない。

この仕事に出会う前は、普通の女の子として普通に恋愛していた。でも〝結婚〟って言葉が出ると、心の中で「どうせ結婚なんてしても離婚するんだから何のためにするわけ？」って思ってた。

周りがなんのためらいもなく恋人と結婚したいとか、子どもが欲しいとか、結婚したら専業主婦になりたいと聞いて、私は理解できなかった。どうせ結婚なんてしても楽しいのは最初だけで、そのうち嫌になって結局、離婚するのに、子ども産みたいの？　もし専業主婦になって離婚しちゃったらどうやって生きていくの？　結婚は夢物語なんかじゃないんだよ？　なんて冷めてる女なんだろうね（笑）。

この仕事を始めてからは、恋人ができても、どこか非現実的で将来について冷めていた気がする。どうせこの人とつき合ってるのは、今だけだろうなって。

この仕事を始めて、なんだか私は普通の女の子じゃなくなったような気がしてた。特殊な仕事だし、生い立ちも複雑だし、そういうの全部わかって好きになってくれる人で、私も好きになれる人なんていないんじゃないかなって。恋なんかより仕事のほうが大事だし恋人は諦めようって考えていた（笑）。

でもそんな私も、結婚という道の挑戦をしたいと思う気持ちが生まれてきた。とは言っても結婚とか終わりのない男女関係を疑う気持ちは消えないし、先のことはわからない。これもまたはじまったばっかりの挑戦だと思ってる。

これからも自分の生い立ちを武器にして、不安ともうまく付き合いながら活動を続けていこうと思う。私が自分の生い立ちを消化できて更に武器にして、人前で泣かなくなったのは、アンファンという活動を立ち上げて自分の経験がほかの人の役に立ってることを実感できるからだし、今の私には、私を必要としてくれる親子と、支えになってくれる仲間がいるから。

母ともやっと、なんのわだかまりもなくいい関係になれた。ここまでくるのに長い道のりだったけど、一つずつ解決して消化することが大事だったんだよね。だからこの本に出会うすべての親子が、心から信頼し合って支え合う親子になってほしいな。私たちの場合、時間がかかりすぎたから、みなさんにはもう少しスピーディーになってもらわなくちゃね。

でもこの本を読んでるみなさんはもう大丈夫！　ここまで読んでいただいたことで、私の経験とそこにある思いが伝わっていると思うから……。

子どもは親に愛されたいし、信頼したいの。ありがとうと、ごめんねと、生まれてきてくれて嬉しいを子どもに伝えてあげてほしいな。そんなシンプルなことが何より大切なんだと思う。

最後に、この本を完成させるにあたって、企画から相談に乗っていただいた、編集者の大塚玲子さんに感謝の気持ちを伝えたいと思います。また、私の伝えたいことをいつも真剣に聞いて素敵な本にしてくれた、東京シューレ出版の須永祐慈さん、いつも活動を支えてくれるスタッフのみんな、私を支え励ましてくれる友だちや恋人、そして何より、紆余曲折を経ながらも、いろんな協力を惜しまずに応援してくれた母に、大きな大きなありがとう。これからもたくさんお世話になると思うけどよろしくね！

二〇一三年三月　桜満開の季節に

新川明日菜

離婚前後の悩みはもちろん、離婚後の子育ては大変。
そんなときはひとりで悩まないで！
仲間を見つけたり、情報を集めて活用しましょう！
離婚・再婚のときに役立つ情報サイトをご紹介します。

◉母子家庭共和国

日本初のシングルマザーのコミュニティサイト
http://www.singlemother.co.jp

◉mixi コミュニティ「明るく可愛いシングルママの会」

Wink が運営していいるコミュニティです。3000 人以上のシングルマザーが登録して交流しています。（ID：183363）

◉NPO法人しんふぁ支援協会

会員制コミュニティサイトでは、無料の会員登録でひとり親同士の情報交換や交流ができます。理事長自らがシングルファザーのお父さん。
http://sinfa.jp/

◉離婚の学校

家族問題コメンテーターとして有名な池内ひろ美さんの運営するサイト。
http://ikeuchi.com/

◉SAJ

ステップファミリーと、家族に関わる職業に従事する人のために情報や支援を提供する非営利団体。
http://www.saj-stepfamily.org/renew/

◉DNA親子鑑定

認知問題など、親子関係の円満な問題解決のためのDNA鑑定ソリューション株式会社
http://www.solution-inc.co.jp/

NPO法人Winkの活動紹介

離婚・再婚家庭をはじめとする様々な形態の家族が
それぞれの幸せを生きられるような社会をつくる

◉カインドリボンサービス【離婚後の面会交流サポート事業】
関東・静岡にて展開中
http://www.npo-wink.org/jigyo/mk/

◉アンファンパレット【離婚家庭の子どもをサポート】
http://enfant-palette.com/

◉ママのハッピーワーク【シングルマザーと企業の就労マッチングサービス】
http://www.mama-happywork.org/

◉家庭問題に特化したカウンセリングサービス
対面・電話・出張カウンセリングを行っています。
カウンセリングはすべて予約制となります。お電話またはサイトよりお申込みください。

利用料金	電話相談：40分	5,000円
	対面相談：1時間	10,000円

NPO法人Winkは支援者のお力で運営されている特定非営利活動法人です。多くの支援者のみなさまの賛同とご支援が必要です。子どもたちの未来を応援してください！
※賛助会員登録もございます。入会はWinkサイトからお申込みいただくか、事務局までお電話・ファックスでお問合わせください。

■寄付振込先
りそな銀行　柏支店　普通 1470366
特定非営利活動法人 Wink
※ご入金後、ご一報いただけましたら幸いです。

■連絡先
NPO法人 Wink
〒160-0022　東京都新宿区新宿 1-18-10-203
TEL03-6685-6415　FAX03-6685-9702
Mail：info@npo-wink.org

新川　明日菜（しんかわ・あすな）

1988年生まれ。千葉県柏市出身。母の3度の離婚と3度の再婚を経験したことをきっかけに、2009年に離婚家庭の子どもたちのネットワーク★アンファンパレットを立ち上げ、主宰。

離婚・再婚家庭の子どもたちにメンタルケアをメインとした家庭教師の派遣、離婚後の親子の面会交流仲介、離婚後の子どもに関する相談事業も行う。

2012年10月アンファンパレットとWinkが合体、理事長に就任。行政や大学での講演多数。著書に「Q&A親の離婚と子どもの気持ち」（明石書店）がある。

ママ また離婚するの!?
離婚家庭で育った子どもの気持ち

2013年5月15日　初版発行

著　者　新川 明日菜

企画編集　ツナガルラボ／須永 祐慈
Email　t.labo2013@gmail.com

発 行 人　小野 利和
発 行 所　東京シューレ出版
〒136-0072
東京都江東区大島 7-12-22-A713
TEL/FAX 03-5875-4465
Email info@mediashure.com
Web http://mediashure.com

装　丁　藤森 瑞樹
印刷・製本　モリモト印刷株式会社

定価はカバーに表示してあります。
ISBN 978-4-903192-21-5
©2013 Shinkawa Asuna　Printed in Japan